Wilhelm Heinrich Immanuel Bleek

Reineke Fuchs in Afrika

Wilhelm Heinrich Immanuel Bleek

Reineke Fuchs in Afrika

ISBN/EAN: 9783743313965

Hergestellt in Europa, USA, Kanada, Australien, Japan

Cover: Foto ©ninafisch / pixelio.de

Manufactured and distributed by brebook publishing software
(www.brebook.com)

Wilhelm Heinrich Immanuel Bleek

Reineke Fuchs in Afrika

Reineke Fuchs in Afrika.

—

Fabeln und Märchen der Eingebornen.

Nach

Originalhandschriften
der Grey'schen Bibliothek in der Kap-Stadt und
andern authentischen Quellen.

Von

Dr. W. H. J. Bleek,

Curator von Sir G. Grey's Bibliothek in der Kap-Stadt.

Weimar,
Hermann Böhlau.
1870.

Inhaltsverzeichniß.

I*

Zweites Buch.

Nordafrikanische Fabeln und Märchen.

I. Hyänen-Fabeln.

II. Wiesel-Fabeln.

III. Spinnen-Fabeln.

IV. Elephanten-Fabeln.

Vorrede.

Die Sammlung hottentottischer Fabeln verdankt ihre Entstehung hauptsächlich Sir George Grey, der im Jahr 1861, als er noch Gouverneur der Kap-Colonie war, mich veranlaßte, an verschiedene Missionare in Süd-Afrika zu schreiben und dieselben zu bitten, was sich von der Literatur der verschiedenen Völker, unter denen sie thätig waren, sammeln ließ, ihm zuzusenden. Als eine Frucht dieses Rundschreibens erhielt ich für Sir George Grey unter anderen aus Beerseba im Groß-Namaqua-Lande von Herrn G. Krönlein, Missionar der Rheinischen Gesellschaft, Handschriften in hottentottischer Sprache mit deutscher Uebersetzung und mit einigen erklärenden Anmerkungen. Diese Sendung enthielt vierundzwanzig Stücke in Prosa, meistens Fabeln, jedoch auch einige Märchen und Sagen, sowie zwölf Lieder, zweiunddreißig Sprichwörter und zwölf Räthsel. Zu diesen hottentottischen Stücken kam noch eine kleine Wörtersammlung nebst Dialog in der /Nusa *)-Buschmann-Sprache. Die Krönlein'sche Handschrift füllt gegen 65 enggeschriebene Seiten, meist in 4° mit doppelten Spalten.

---

*) /Nusa bedeutet „diesseitig", was von dem Standpunkt des Nama-Hottentotten natürlich zur rechten Seite des Oranje-Flusses oder Gabiep sagen will.

Freilich ist dies nicht das erste Mal, daß das Vor-
handensein hottentottischer Fabeln uns bekannt geworden
ist. Schon Sir James E. Alexander erwähnt derselben
in seiner Reisebeschreibung (Expedition of Discovery into
the Interior of Africa. London, 1838. 2 vols. 8°)
und giebt auch etliche Fabeln, die wir in deutscher Ueber=
setzung in das vorliegende Werk aufgenommen haben. (Es
sind dies die Fabeln 8, 9, 13 und 34, die letztere ist jedoch
mehr Mythus als Fabel.) Doch konnte man noch keine
Ahnung von dem Umfang und der Bedeutsamkeit dieses
einheimischen Literaturschatzes haben, der durch mündliche
Ueberlieferung festgehalten war, ehe Herr Krönlein denselben durch seine Sammlung ans Licht förderte. Die
Thatsache, daß eine derartige literarische Befähigung sich
unter einem Volksstamme findet, dessen geistige Fähigkeiten
man sich gewöhnt hatte, als auf dem niedrigsten Standpunkte stehend zu betrachten, ist von erheblicher Wichtigkeit,
und es ist schon an und für sich von großer Bedeutung,
daß hier die literarische Thätigkeit (im Gegensatz zu dem
allgemeinen Charakter einheimischer Literatur unter Neger-
Völkern) fast dieselbe Richtung eingehalten hat, wie unsere
eigene früheste Literatur.

Durch das Erscheinen dieser neuen Fundgrube litera-
rischer Schätze, deren Existenz man bis dahin nicht geahnt
hatte, werden mannichfache bedeutungsvolle und interessante
Fragen, namentlich in Bezug auf die Originalität dieser
Fabeln, angeregt. Es wird wohl noch lange Zeit hindurch streitig bleiben, ob sie in der That wirkliche Kinder
der Wüste sind und als ächte, einheimische Literatur gelten
dürfen, oder ob sie etwa von der überlegenen weißen Race
entlehnt sind — oder ob sie endlich dem Antrieb ihre
Entstehung verdanken, den die Berührung mit der letzteren
dem Geiste der Eingeborenen gab. (Auf die letzte Art

erklärt sich ja die Erfindung des Tschiroki- und Bei-Alpha-
betes.) Die Lösung dieser Fragen mag vielleicht eben so
eingehende Forschungen erheischen, als man darauf verwandt hat, das Räthsel in Betreff des Ursprungs der
Ossianischen Gedichte zu lösen.

Was aber auch immerhin das Endresultat dieser Unter-
suchungen sein mag — ob es nun unsere Anschauung von
der Ursprünglichkeit und dem Alter dieser Hottentotten-
Fabeln bestätigen und in ihnen in Folge dessen das Gepräge
der ältesten und ursprünglichsten literarischen Ueberbleibsel
der alten Muttersprache der sexuellen Nationen zeigen
wird — oder ob es sich ausweisen wird, daß diese Fabeln
erst in neuerer Zeit unter den Hottentotten aus fremder
Saat entsprossen sind: in beiden Fällen zeigt diese Neigung der Hottentotten, sich an dergleichen Fabeln zu ergötzen, und der Umstand, daß dieselben auf so dürrem
Boden so schnell Wurzel fassen (mögen sie nun zuerst hier
entstanden oder dahin verpflanzt sein), eine weit innigere
Verwandtschaft zwischen dem Geist des Hottentotten und
dem des Europäers, als wir zwischen dem letzteren und
irgend einer der schwarzen Racen Afrika's finden.

Diese Aehnlichkeit in den geistigen Anlagen zweier
Völkerstämme kann an und für sich wohl kaum als ein ge-
nügender Beweis gemeinsamen Ursprungs betrachtet werden.
Falls aber noch andere Gründe vorhanden sind, die uns
glauben machen, daß die in Rede stehenden Nationen, oder
doch ihre Sprachen, gemeinsamen Ursprungs sind, so dürfen
wir vielleicht eher annehmen, daß eine derartige Aehnlichkeit in ihrem literarischen Geschmack sich gleichfalls in
ähnlicher Weise erklärt.

Schon seit der ersten Bekanntschaft der Europäer mit
jenen Gegenden ist der gewaltige ethnologische Unterschied,
der zwischen den Hottentotten und den schwarzen Völker-

stämmen Süd-Afrika's besteht, bemerkt und festgestellt wor=
den, und gelegentlich aufgestellte isolirte Vermuthungen
(wie z. B. in R. Moffat's „Missionary Labours and Scenes
in South Africa", 1842, p. 6) haben bereits vor längerer
Zeit auf einen nord=afrikanischen Ursprung der Hottentotten
hingewiesen.

Dies Letztere ist übrigens erst in dem letztverflossenen
Jahrzehnt als eine erwiesene und, wie ich glaube, für die
meisten Beobachter anfänglich überraschende Thatsache fest=
gestellt worden. Ich erinnere mich noch wohl, mit wie
seltsamem Interesse ich Knudsen's Uebersetzung des Lucas=
Evangeliums betrachtete, („Sir G. Grey's Library", Bd. I,
Nr. 15) als es mir im April 1850 durch den damaligen
Inspektor des Rheinischen Missionshauses, Herrn J. C.
Wallmann zu dem Zweck übersandt wurde, festzustellen,
ob die Sprache irgendwie mit denen der umwohnenden
schwarzen Stämme verwandt sei, und ob deshalb eine be=
reits erworbene Bekanntschaft mit einem der Hottentotten-
Dialekte einem Missionar es erleichtern würde, sich eine
der Neger- oder Kaffern-Sprachen anzueignen*).

*) Ich lasse hier einen Auszug aus dem Briefe des Herrn
Wallmann, d. d. 13. April 1850, Barmen, folgen, welcher die
einzige Hülfe grammatischer oder lexikalischer Art war, die ich
damals zum Studium dieser Nama-Uebersetzung des Lucas=
Evangeliums benutzen konnte:
„Hierbei übersende ich Ihnen das Lucas=Evangelium im
Namaqua, ... welches ich Ihnen aber nur auf vier Wochen
leihen kann, indem ich es schon früher Jemand versprochen habe.
Erlauben es Ihre Arbeiten, so möchte ich Sie ersuchen,
doch einmal einen kleinen Versuch anzustellen, ob das Namaqua
durchaus nichts Verwandtes mit dem süd-afrikanischen Sprach=
stamm habe. Es ist mir zunächst an diesem negativen Urtheile
etwas gelegen, und ich möchte darüber wohl in nächster Zeit das
Urtheil eines sprachgelehrten Mannes haben. Moffat will von

Indessen hatte ich damals nicht die leiseste Ahnung von den Resultaten, zu denen mich die Kenntniß dieser Sprachen leiten würde, und da ich damals eifrig mit dem

---

einem Syrer, der aus Aegypten kam, gehört haben, als er ihm etliche Proben vom Namaqua mittheilte, daß er, der Syrer, auf dem Markte von Kairo Sklaven gesehen habe, welche heller ge- - wesen seien, als andere Afrikaner, und deren Sprache ähnlich gewesen wäre, wie die der Namaqua, und daß mehrere ältere Schriftsteller von einem Volk im Innern Afrika's redeten, welches den Hottentotten sehr ähnlich sei. Moffat selbst scheint den Nach- richten keinen großen Werth beizulegen, indem er gleich auf Chinesen räth. Nach Mittheilungen, welche ich von unserm Missionar Knudsen habe, scheint die Sprache sehr ausgebildet zu sein. Als pron. person. nennt er:

Tita	saaz	*)yb	sada	sako	*)yku
ich	du	er	wir	ihr	sie

— gab aber, um die Modificationen zu bezeichnen, welche die pron. erleiden, je nach dem Geschlecht und je nachdem man sich (richtiger die angeredete Person) ein- oder ausschließt, incl. oder excl., folgendes Beispiel:

„Wir sind Capitaine"

(incl.) Sake ke kauauke (masc.)
(excl.) Sike ke kauauke (masc.)
(incl.) Sase ke kautase (fem.)
(excl.) Sise ke kautase (fem.)
(incl.) Sada ke tana-khoida (comm.)
(excl.) Sida ke tana-khoida (comm.)
(incl.) Sakhom ke kauaukhoma (dual. masc.)
(excl.) Sikhom ke kauaukhoma (dual. masc.)
(incl.) Saam ke kautama (dual. fem.)
(excl.) Siim ke kautama (dual. fem.)
(incl.) Saam ke tana-khoima (dual. comm.)
(excl.) Siim ke tana-khoima (dual. comm.)

Die zweite Person pluralis habe nur halb so viel Unter- schiede, und die dritte pluralis folgendermaßen:

*)yku ke kauauga (masc.)
*)yte ke kautate (fem.)
*)yn te tana-khoima (comm.)

Studium der Setschuána- und verwandter Sprachen beschäftigt, die mir für vergleichende Philologie von höchstem
Interesse zu sein schienen, so widmete ich anfangs dem
Studium dieses merkwürdigen Büchleins eine sehr mäßige
Aufmerksamkeit. Ich bemerkte jedoch sehr bald eine auffallende Aehnlichkeit zwischen den hottentottischen Geschlechts-
zeichen und denen der koptischen Sprache. Eine Zeit lang
betrachtete ich dies indeß einfach als ein Spiel des Zu-
falls, wie aus einem Brief von mir über diesen Gegenstand ersichtlich ist, den Herr Wallmann im „Berichte der
Rheinischen Missionsgesellschaft" 1850, Nr. 24 (wenn ich
mich nicht in der Nummer irre) veröffentlicht hat.

Bald aber bildeten diese anfänglich zusammenhanglosen
Thatsachen die Glieder einer Kette von Beweisen, die darauf hindeuteten, daß alle sexuellen Sprachen, die uns zur
Zeit in Afrika, Asien und Europa bekannt waren, zu einer
großen Familie gehören, deren ursprünglicher Typus uns
im Allgemeinen am Besten in der Hottentotten-Sprache erhalten ist.

Schon Ende 1850 konnte ich demgemäß an Herrn
Wallmann schreiben: „Diese Sprache (die hottentottische)
ist mir im Augenblick die interessanteste. Die Thatsachen,
von denen ich Ihnen schon einmal Bericht gab, haben sich
nämlich mir jetzt so sehr gehäuft und bieten eine so stricte
Analogie dar, daß für mich durchaus kein Zweifel mehr
ist, daß nicht nur das Koptische, sondern auch das Semitische und alle andern Sprachen Afrika's (wie das Ber-
berische, die Galla-Sprachen u. s. f.), bei welchen der

---

*) *ykha ke kauaukha* (dual. masc.)
*) *yra ke kautana* (dual. masc.)
*) *yra ke tana-khoima* (comm.)

Sie wollen sich also einmal den Namaqua-Lucas ansehen
und mir darüber Ihr geneigtes Urtheil schreiben."

Unterſchied des männlichen und weiblichen Geſchlechts die ganze Grammatik durchdringt, eines Urſprungs ſind."

Die Reſultate dieſer Unterſuchungen wurden dann zum Theil in meiner Diſſertation „De nominum generibus linguarum Africae australis, Copticae, Semiticarum aliarumque sexualium", Bonn 1851, 8⁰ („Sir G. Grey's Library", Bd. I, Nr. 1) veröffentlicht.

Damals war es mir noch nicht bekannt, was ich erſt kürzlich in Erfahrung gebracht habe, daß Dr. J. C. Abamſon gelegentlich einer Mittheilung von Beobachtungen, die er in Bezug auf die Analyſe der Sprachen, und zwar mit beſonderer Berückſichtigung der ſüd=afrikaniſchen Sprachen, der ſyriſch-ägyptiſchen Geſellſchaft machte, ſich folgender= maßen ausgedrückt hatte: „Die Geſchlechtsbezeichnungen im Namaqua und in der ägyptiſchen Sprache ſeien faſt identiſch und das Affix des weiblichen Geſchlechts könne als daſſelbe in allen dreien (Namaqua, Galla und Alt= Aegyptiſch) betrachtet werden." *)

Auf eine andere merkwürdige Uebereinſtimmung, die von einem anſcheinend unabhängigen Beobachter, J. R. Logan, Esq.,**) ausgeht, ward ich durch Sir G. Grey

---

*) Report of the Correspondence and Paper read at the General Meeting of the Syro-Egyptian Society, Session of 1851 and 1852. Read at the Anniversary Meeting, held April 20th. 1852, 8⁰, p. 6—8.

**) „Ethnology of the Indo-Pacific Islands". By J. R. Logan, Esq., Hon. Fellow of the Ethnological Society. Language, Part II, „The Races and Languages of S. E. Asia, considered in relation to those of the Indo-Pacific Islands", Chapter V, sections I to VI. [From the Journal of the Indian Archipelago and Eastern Asia, June and December 1853 to Decbr. 1854] Singapore: Printed by Jacob Baptist, 8⁰, p. 229—294, sec. 6. The Semitico-African Languages, viz.: — 1. General Charac- ters, p. 229; — 2. Egyptian, p. 248; — 3. Hottentot, p. 248; — 4. Shemo-Hamitic, or Assyro-Berber, p. 259.

hingewiesen, der auch den englischen Namen „Sexdenoting Languages" (d. h. geschlechtsbezeichnende Sprachen) für die im Deutschen als sexuelle Sprachen bezeichneten anrieth.

Es ist indeß überflüssig, die hohen Verdienste Sir G. Grey's um die Beförderung afrikanischer sowohl, als auch australischer und polynesischer Philologie hervorzuheben. Mit Recht haben manche (unter andern der gelehrte, jetzt verstorbene Kap'sche Richter E. R. Watermeyer) bemerkt, die natürlichen Neigungen der Thiere seien einander in allen Theilen der Welt so ähnlich, daß man von Fabeln, welche die Absicht hätten, sie zu schildern, gleichfalls erwarten müßte, daß dieselben einander selbst bis aufs Einzelne hin gleichen würden.

Wir dürfen aber wohl fragen, weshalb die Einbildungskraft der Kaffern, soweit wir wissen, durchaus nicht geneigt zu sein scheint, diese Art erdichteter Erzählungen zu bilden, da sie doch eine so fruchtbare, einheimische Literatur besitzen, die mehr oder weniger historischer oder legendenhafter Natur ist. Dieser Gegensatz zu dem Charakter der Hottentotten-Literatur scheint nicht zufällig, sondern eine Folge des verschiedenartigen Baues zu sein, der die beiden Sprachclassen unterscheidet, von denen die eine durch die Hottentotten-Dialekte, die andere durch die der Kaffern und verwandter Nationen vertreten ist. In der ersteren (der Hottentotten-Sprache) wie in allen anderen wirklich sexuellen Sprachen ist die grammatische Eintheilung der Hauptwörter nach Geschlechtern, die mit den in der Natur bemerkbaren Unterschieden nicht ganz übereinstimmt, in eine gewisse Beziehung zu den Geschlechtsunterschieden gebracht, und in dieser Hinsicht scheint jener Geschlechtsunterschied sich selbst auf leblose Wesen zu erstrecken. Dies ruft die Tendenz hervor, unpersönliche Gegenstände zu perfonificiren. Es liegt im Wesen dieser Tendenz, den Geist darauf hinzuleiten, selbst unvernünftigen Wesen Vernunft und andere menschliche Attribute beizulegen. Dies ist der wirkliche Ursprung beinahe aller der poetischen Gebilde, die wir Fabeln und Mythen nennen. Beide beruhen auf der Personificirung unpersönlicher Wesen, — wobei die ersteren den untergeordneten Thieren Sprache und Vernunft beilegen, während die letzteren menschliche Thätigkeiten bei Erklärung himmlischer oder sonst elementarer Erscheinungen an Stelle ihrer wirklichen Ursachen setzen.

Mythologie ist ursprünglich fast immer eine bloße Redefigur oder eine poetische Erklärung, die durch die grammatische Form oder die etymologische Bedeutung solcher Wörter an die Hand gegeben wird, welche gewisse auffallende Naturerscheinungen bezeichnen. Man darf wohl annehmen, daß Mythen auf der Anfangsstufe ihrer Erzeugung stets nach ihrer wahren, ursprünglichen Bedeutung verstanden wurden, und erst, wenn im Laufe von Generationen ihr wirklicher Ursprung verdunkelt ist und sie nun zu versteinerten Auswüchsen eines traditionellen Glaubens geworden sind, dann läßt ihre anscheinende Abgeschmacktheit sie auf den ersten Blick fast unerklärbar erscheinen, namentlich wenn sie unter Nationen von sonst hoher Intelligenz gefunden werden.

Die anspruchsloseren Schwestern der Mythen, die Thierfabeln, werden nicht so leicht in ihrem ursprünglichen Charakter verdunkelt, als die ersteren und haben in Folge dessen ihre einfache Nutzbarkeit als Lehrerinnen der Moral allgemein bewahrt, und ob sie gleich selbst den Mythen, was das Datum ihrer ersten Entstehung anbetrifft, den Rang abgelaufen haben mögen, so überleben sie dieselben dennoch als wirkliche gesunde Elemente der besten, natio-

nalen Literaturen. Es ist aber damit nicht gesagt, daß
Mythen nicht gleichfalls ihren eignen wohlthuenden Wir-
tungskreis bei der Erziehung der Menschheit hätten, da
sie ja diese zu höheren, abstracten Ideen, ja selbst zu tieferen
religiösen Gedanken leiteten.*) Aber gerade der Umstand,
daß sie diese Kraft besaßen, einen weit tieferen Einfluß
auf die Schicksale unsres Geschlechts auszuüben, machte
es nothwendig, daß sie eine mehr vorübergehende Stelle
in dem Civilisationsproceß der sexuellen Nationen einnehmen.
Diese müssen eben ihre mythologischen Vorstellungen aufgeben, sobald sie durch dieselben zu höheren religiösen An-
schauungen gelangt sind — während Fabeln, die niemals
einen so hohen Rang unter den Elementen beanspruchen,
die den Entwicklungsproceß unserer Gattung befördern,
vielen Classen von Lesern in bestimmten Perioden ihrer
geistigen Entwicklung stets willkommen bleiben werden.

Kinder sowohl, als auch Erwachsene, die schlichten
Sinnes geblieben sind und deren Geschmack nicht durch das
Gift überreizender Lectüre verdorben ist, werden sich stets
an den artig ausgedrückten moralischen Lehren erfreuen,
die sie durch eine jede gute Fabel erhalten; und der tiefer
gehende Literaturfreund wird sich gleichfalls an diesen
ersten unschuldigen Spielen der erwachenden menschlichen
Phantasie ergötzen. Allen Solchen werden die hier gebo-
tenen Hottentotten-Fabeln wohl nicht unwillkommen sein, sei
es als ein frischer Schatz origineller Dichtungen, oder auch
als alte Bekannte, die in der uns ungewohnten Tracht
und fremden Scenerie ein neues Interesse für uns haben.

Um diese Hottentotten-Fabeln dem größeren Publicum

---

*) Diese Fragen sind in der Vorrede zu meiner Abhand-
lung „Ueber den Ursprung der Sprache" (Weimar, 1868) näher
besprochen worden.

zugänglich zu machen, waren einige unbedeutende Auslassungen und Veränderungen nothwendig, ohne welche die Fabeln in europäischen Augen zu nackt erschienen wären, doch ist der Geist der Fabeln hierdurch nicht im Geringsten angetastet worden. Sonst ist die Uebersetzung durchaus getreu, obwohl nicht gerade buchstäblich.

Es würde selbstredend vermessen sein, wollte man annehmen, wir könnten hier einen vollgültigen Ausspruch über den Ursprung und die Abfassungszeit dieser Fabeln, wie über die vielen, damit in Verbindung stehenden Fragen thun.

Der moderne Ursprung einiger dieser Fabeln, wie z. B.: „Der Hahn" (Nr. 12), „Der Fischdiebstahl" (Nr. 8), „Das Urtheil des Pavians" (Nr. 17) und „Die Sonne und das Pferd" (Nr. 30), (sämmtlich im ersten Buche) leuchtet in die Augen; andere, wie z. B. „Die Schlange" (Nr. 5 und 6), weisen ohne Zweifel auf europäischen Ursprung hin. Andere hingegen machen starken Anspruch, nicht nur als ursprüngliche Erzeugnisse des Hottentotten-Geistes betrachtet zu werden, sondern auch als Stücke einer traditionellen einheimischen Literatur, die von höherem Alter ist, als der Zeitpunct der ersten europäischen Ansiedlungen in jenen Gegenden.

Für die Richtigkeit dieser Ansicht spricht auch die innige Verbindung in der unter den Hottentotten noch Mythen und Fabeln zu einander stehen. Man kann in der That kaum sagen, daß eine richtige Mythologie bereits unter ihnen bestehe, denn ihre „Mythen" (wie die vom Ursprung des Todes) sind im Grunde ebenso sehr Fabeln als Mythen. Man darf jedoch wohl sagen, daß sie den ersten Keimen entsprechen, aus denen jene prächtigen Mythologieen entsproßten, die die Herzen so vieler Millionen unter den

gebildetsten Völkern der Erde mit Gefühlen tiefster Verehrung durchdrungen haben.

Dieser höhere Flug der Einbildungskraft, den die
sexuellen Völker besitzen (angeregt dazu durch die Personi=
ficirung unpersönlicher Gegenstände, als eine Folge des
grammatischen Baues ihrer Sprachen) und seine hohe Bedeutung für sie wird noch in die Augen fallender, wenn
wir ihre Literatur mit der der Kaffern und anderer schwarzen
Stämme Süd-Afrika's vergleichen.

Da der grammatische Bau der Kaffern- und Neger-
Sprachen nicht an und für sich Personificirung an die Hand
giebt, so versteht es sich beinahe von selbst, daß wir unter
diesen Nationen weder Mythen noch Fabeln finden. Ihre
literarischen Bestrebungen sind im Allgemeinen darauf be-
schränkt, menschliche Thaten in mehr oder minder historischer
Weise zu erzählen — daher rühren die vielen Märchen,
sowie Stücke einer sagenhaften Geschichte dieser Stämme
und Nationen. Andererseits giebt die Verehrung, die sie
ihren Ahnen widmen, und ihr Glaube an übernatürliche
Kräfte Veranlassung zu schauerlichen Gespenstergeschichten
und Zaubermärchen, die aufregend genug wirken würden,
wären sie nicht meistens in einer so langgedehnten pro-
saischen Weise erzählt, daß die beste Erzählung ihr Interesse verliert.

Für vergleichende Philologie, sowie für einen Jeden,
der Interesse daran nimmt, das Weben des menschlichen
Geistes in seinen Anfangsstadien zu beobachten, werden
diese Proben einheimischer Kaffern- und Neger-Literatur
gleichfalls ihr besonderes Interesse haben. Darum wollen
wir die Hoffnung festhalten, daß Zeit und Umstände es
uns bald erlauben mögen, auch die anderen Stücke der
Literatur der Eingebornen Süd-Afrika's zu veröffentlichen,

welche in Handschriften bereits in der Grey'schen Bibliothek vorhanden sind.

Unter diesen sind als neue Beiträge namentlich drei-undzwanzig Erzählungen in der o Tyi-hereró oder Damara-Sprache zu erwähnen, die von Eingeborenen selbst nieder-geschrieben und von Herrn J. Rath (Rheinischem Missionar, früher im Damara-Lande, gegenwärtig in Sarepta, Kuil's River) copirt und mit einer deutschen Uebersetzung begleitet sind.*)

---

*) Diese Rath'sche Handschrift besteht aus 61 Seiten, gr. Folio, mit doppelten Spalten und enthält folgende Stücke:

1. Die Gespenster als Liebhaber. S. 1—2.
2. Die Löwen als Gatten. S. 2—5.
3. Treue einer liebenden Mutter. S. 5—6.
4. Das Mädchen, das dem Vogel ihres Vaters nachjagte. S. 6—12.
5. Das hübsche Mädchen. S. 12—15.
6. Die kleine Buschmanns-Frau. S. 17—18.
7. Bestrafter Betrug. S. 19—21.
8. Das Gespenst, welches sich in seines Sohnes Frau verliebte. S. 22—23.
9. Der Wahnsinnige. S. 23.
10. Die Flucht der Mädchen vor den Berg-Damaras. S. 24—26.
11. Der Elephant und die Schildkröte. S. 27—29.
12. Die beiden Frauen. S. 29—33.
13. Der Löwe, der verschiedene Gestalten annahm. S. 34—35.
14. Das kleine Mädchen, das von ihren bösen Gespielinnen im Brunnen gelassen wurde. S. 35—38.
15. Was geschenkt ist, bleibt geschenkt. (Ein Mittel, Jemanden einzuschläfern). S. 39—43.
16. Rutanga. S. 44.
17. Der Geist des Mannes, der von seinem Vater verflucht und in Folge dessen durch ein Rhinoceros getödtet wurde. S. 45—47.
18. Prüfungen des Hambela, eines von den Todten auferstandenen Geistes. S. 47—50.

Unter biefen Stüden find fieben Gefpenftergefchichten, vier Erzählungen von der Verwandlung von Menfchen oder Thieren, elf andere Märchen, eine Sage und eine Fabel. Diefe letztere (Nr. 11, S. 27—29) ift vermuthlich von Hottentotten-Urfprung, deshalb habe ich es für das Befte gehalten, ihr eine Stelle in diefer Sammlung (Nr. 14 des erften Buchs) zu geben, wofelbft fie derjenigen Hottentotten-Fabel vorangeht, mit der ihr Schluß eine fo fchlagende Aehnlichkeit hat. Es ift nicht unwahrfcheinlich, daß der Anfang diefer Hottentotten-Fabel ("Von der Giraffe und der Schildkröte") verloren gegangen ift. Vielleicht hat er Aehnlichkeit mit dem Anfang der entfprechenden Damara-Fabel gehabt. Uebrigens ift die Hottentotten-Fabel, foweit fie geht, augenfcheinlich urfprünglicher, als der o Tyi-hereró-Text. Als eine Probe der o Tyi-hereró-Märchen habe ich Rath's fünfzehntes Stück, die Erzählung "Was gefchenkt ift, bleibt gefchenkt" im erften Buch, Nr. 42, gegeben.

Ich habe gleichfalls die Zulu-Sage "Vom Urfprung des Todes" beigefügt, die in der Mifchung von Fabel und Mythe und felbft in verfchiedenen Einzelheiten der Abfaffung eine große Analogie mit der hottentottifchen Behandlung deffelben Thema's zeigt, von dem ich im Stande bin, hier vier verfchiedene Darftellungen zu geben.

Ebenfo habe ich bei ein Paar anderen Fabeln der

---

19. Das kleine Mädchen, das von einem Infect geplagt wurde. S. 51.
20. Rutanga (daffelbe wie Nr. 16). S. 52.
21. Eheliche Liebe nach dem Tode. S. 53.
22. Der böfe Katjungu und der gute Kahavundye. S. 54—57.
23. Die Frau, die ihrem Gatten nachging. S. 57—59.
24. Das kleine Mädchen, das von dem Berg-Damara gemordet wurde. S. 59—61.

Krönlein'schen Handschrift eine andere Version aus einem
der beiden wichtigen deutschen Manuscripte entnommen, die
durch Herrn Knudsen, dessen Tod wir inzwischen zu be=
klagen gehabt haben, auf Sir G. Grey's Wunsch nieder=
geschrieben worden sind. *) Dieselbe Handschrift liefert
uns gleichfalls eine Sage (Nr. 40, „Woher stammt der Unter=
schied in der Lebensweise der Hottentotten und der Busch=
männer?“), welche wir in der Hottentotten=Sprache selbst
noch nicht besitzen.

Um die uns zu Gebote stehende Sammlung Nama=
Hottentottischer Literatur noch mehr zu vervollständigen,
habe ich drei Fabeln und vier Erzählungen aus Sir James

---

*) Der Titel von Herrn Knudsen's Manuscript (dem ersten)
ist: „Süd=Afrika. Das Hottentotten=Volk. Notizen. H. C. Knud=
sen“, 4°, 12 Seiten. Folgendes ist der Inhalt: Buschmann=
Land, S. 3; die verschiedenen Arten Regen, S. 3; Bethanien
(in Groß=Namaqua=Land), S. 3; die Damara's, S. 4; Grasfeld,
S. 4; Krankheiten, S. 4—5; Vogelnester, S. 5; Heirath und
Hochzeitsfest unter den Namaqua's, S. 5; Aehnlichkeit mit den
Israeliten im Zählen, Essen, Trinken, Sprache, Gebet und Weise
die Verwandtschaft zu berechnen, S. 6; Heitsi=Eibip oder Kabip,
S. 7; Entstehung der Lebensweise der Namaqua's und Busch=
männer, S. 7—8; Volljährigkeit unter den Hottentotten, S. 8;
Namen von Hottentotten=Stämmen und deren muthmaßliche Er=
klärung, S. 8—9; Sind die Hottentotten ägyptischen oder phö=
nizischen Ursprungs? S. 9; Sind die Hottentotten jüdischen
oder moabitischen Ursprungs? S. 9—10; Nachtrag S. 11—12.
Herrn Knudsen's zweite Handschrift hat folgenden Titel:
„Stoff zu einer Grammatik in der Namaqua=Sprache. H. C.
Knudsen“, 4°, 29 Seiten. — Nach etlichen, allgemein gehalte=
nen, einleitenden Bemerkungen und einer kurzen Erklärung des
hottentottischen Alphabets handelt Herr Knudsen von den ver=
schiedenen Sprachtheilen: I. Das Substantiv, S. 3—4. II. Das
Adjectiv, S. 4—5. III. Das Pronomen, S. 5—10. IV. Die
Zahlwörter, S. 11. V. Das Verbum, S. 12—24. Fragesätze,
S. 25—26, und endlich Schlußanmerkungen, S. 26—29.

E. Alexander's oben erwähnter „Expedition of Discovery into the Interior of Africa" entnommen und in treuer Ueberfetzung hier eingereiht.

Die „Preis- und Lobgefänge", die in dem vorliegenden Bande als Motto's zu etlichen Fabeln gegeben find, hat man gleichfalls nur als Proben hottentottifcher Dichtkunft zu betrachten. Diefelben dürften wohl nur für wenige Lefer Intereffe darbieten, zum Mindeften nicht in der Form, in welcher fie hier erfcheinen, obfchon ein Longfellow vielleicht im Stande fein möchte, einige von ihnen in anziehenderer Form wiederzugeben.

Ebenfo könnte das in diefen Hottentotten-Fabeln enthaltene Material in ähnlicher Weife wie Göthe's „Reinede Fuchs" verarbeitet werden — und hierdurch möchten wir wohl ein epifches Gedicht erhalten, das allerdings keinen fo hohen Rang einnehmen würde, wie die erwähnte Dichtung, das aber dennoch, was den Inhalt betrifft, dem allgemeinen Gefchmack mehr zufagen möchte, als z. B. Longfellow's „Hiawatha".

Die obige Vorrede ift größtentheils eine Ueberfetzung der englifchen, die meinem „Reynard the Fox in South Africa; or, Hottentot Fables and Tales" (London 1864) vorausgefchickt war. Das hier dem Publikum dargebotene deutfche Werk enthielt nun außer den hottentottifchen auch eine bedeutende Anzahl von folchen Fabeln, deren Originaltexte fich in Sprachen Nord-Afrika's finden, namentlich in der Hauffa-, Bornu-, Wolof-, Akra-, Temne- und Bullom-Sprache. Von diefen gehört nur die Haussa-Sprache*) zu derselben Familie wie das Hottentottische, die andern sind aber nicht sexuell, daher erklärt sich der Besitz von Fabeln unter den sie sprechenden Völkern allerdings nicht aus dem Charakter ihrer Sprachen. Freilich ist es nicht unmöglich, daß der abgeschliffene Zustand der Bornu-Sprache**) von einer Sprachform abstammt, in der das Geschlecht ähnlich wie in unseren Sprachen unterschieden wurde. Aber die anderen obengenannten nord-afrikanischen Sprachen gestatten eine solche Hypothese, betreffend ihres Ursprunges nicht. Denn die woloffische (in Senegambien gesprochen) und die Akra-Sprache (in einem Theile der Goldküste zu Hause) gehören unverkennbar zu der Gor-Familie, das Temne und Bullom (beide in Sierra Leone) zu der Bantu-Familie, und diese beiden Sprachfamilien sind Glieder der Classe der Präfix-Pronominalsprachen, unter denen die Beziehung des Classenunterschiedes auf den natürlichen Geschlechtsunterschied (wie wir ihn bei den Suffix-Pronominalsprachen antreffen) sich nicht findet. Die Bullom- und Temne-Sprache namentlich als Glieder derselben Sprachfamilie, zu der auch das Kafirische, die Setschuana, das o Tyi-heeró oder die Damara-Sprache und andere Neger-Sprachen Süd=Afrika's gehören, würden an und für sich für die Fabelbildung wenig mehr Anlaß geben als diese Sprachen. Dabei ist aber in Betracht zu ziehen, daß die Völker und Sprachen im Norden des Aequators, die nicht zum sexuellen Stamm gehören, doch in gar anderer und viel eingreifenderer Weise unter dem Einfluß des Gedankenganges sexueller Sprachen stehen, als dies mit den nicht sexuellen Völkern und Sprachen

*) Siehe Sir G. Grey's Library, Vol. I, Part II, p. 239.
**) Sir G. Grey's Library, Vol. I, Part II, p. 247.

Süd-Afrika's der Fall ist. Denn in Nord-Afrika drückt
eine Menge von Sprachen sexuellen Namens, mit den
semitischen Sprachen näher oder entfernter verwandt, und
mehr oder weniger auf einer höheren Bildungsstufe
stehend, auf die Völkerstämme verschiedener Abkunft, nicht
zu gedenken des mohammedanischen Einflusses und selbst
der christlich-europäischen Beziehungen, wodurch die meisten
west-afrikanischen Völkerstämme schon seit Jahrhunderten
wenigstens einigermaßen afficirt worden sind. In Süd-
Afrika hingegen ist die einzige einheimische Nation, die eine
sexuelle Sprache spricht, die hottentottische, zu unbedeutend
und zu weit in der Kultur zurück, um auf ihre Nachbarn
einen bedeutenden Einfluß auszuüben. Doch haben wir
schon oben gesehen, daß wenigstens die einzige Damara-
Fabel, die uns bis jetzt bekannt geworden ist, anscheinend
hottentottischer Abkunft ist. Unter den Kaffern haben
die Nachforschungen des Bischofs Cotterill (von Grahams-
town) bisher erst e i n e Fabel entdecken können, nämlich
die vom Zaunkönig. — Von Natal ist uns eine ganz
kleine Fabel zugekommen, die eigentlich nur die Erklärung eines Sprichworts ist. *) — Die Betschuanen
(eine die Kaffern an ursprünglicher, einheimischer Civili-
sation bei Weitem überragende Nation) sollen eine größere
Anzahl von Fabeln besitzen, von denen auch einige von
dem Missionar T. Arbousset, zusammen mit Uebersetzungen
europäischer Fabeln, in seiner „Choix de Fables et Pro-
verbs, publié en Sessouto" (Ville du Cap. 1847, Nr. 258
von Sir George Grey's Library, Vol. I.) herausgegeben

---

*) Die inzwischen in Callaway's Märchensammlung (Nursery
Tales, Traditions, and Histories of the Zulus, Vol. I, Natal
and London 1868) publicirten Fabeln sind auch zu unbedeutend,
als daß auf sie hin man den Natalschen Kaffern oder Zulus eine
Neigung zum Fabelerzählen zuschreiben könnte.

worden sind. Leider kann ich dem Leser hier nur e i n e
Sessuto-Fabel darbieten, die ich Casalis nacherzähle.*)
Von M a d a g a s k a r würde ich etwa ein Dutzend liefern
können, wenn uns eine Uebersetzung der von Eingeborenen
im Malagassischen veröffentlichten Angano (Nr. 723 von
Sir George Grey's Library, Vol. I.) zu Gebote stände.
Zwar hat mir Revd. W. C. Cousins die zwei ersten. dieser
Fabeln (der Wolf und das Lamm, die Frösche, die sich
nach einem Herrscher umsehen) freundlichst übersetzt, aber
diese stimmen so sehr mit weltbekannten europäischen überein, daß mir ihre Mittheilung hier nicht am Ort zu
sein schien.

Der Zweck dieses Buches gestattet es auch nicht, von
den Märchen, Sagen und Erzählungen der afrikanischen
Völkerschaften mehr als ein paar Proben mitzutheilen.
Sonst würde hier gerade eine besonders reiche Ausbeute
ergeben, da ja der Geist der meisten dieser Nationen auf
diesem Gebiete höchst thätig gewesen ist. Manche solcher
Märchen scheinen übrigens Gemeingut vieler Völkerschaften,
ja manchmal vielleicht von ganz Afrika zu sein. So finden
wir die Damara-Fabel „Was geschenkt ist, bleibt geschenkt"
(Nr. 42) nicht nur bei anderen süd-afrikanischen Völkern,
wie bei den Zulu's (Uthlakanyana, Callaway a. a. O. I, 37—40),
sondern auch in Nord-Afrika in dem Temne-Märchen vom

---

*) Eine Sessuto-Fabel, die ich dieser Sammlung nicht einver-
leibt habe, ist von Christian Schrumpf in der Zeitschrift der
deutschen morgenländischen Gesellschaft, Band 16, S. 471—474,
veröffentlicht worden. In gleicher Weise habe ich auch eine
Zulu-Fabel, die vom Bischof von Natal in einem seiner Lese-
bücher gegeben ist, der Uebersetzung nicht werth gehalten. Im
Allgemeinen ist, was sich von Fabeln unter den süd-afrikanischen
Bantu-Stämmen gefunden hat, zu unbedeutend, um besondere
Rücksicht zu verdienen.

„Unverständigen Knaben" (Nr. 36) und selbst auf Madagaskar
wieder. . Da das malagassische Märchen merkwürdiger
Weise mit dem otyihereróschen Berührungspunkte darbietet,
so gebe ich hier eine Uebersetzung desselben. Der malagassische Originaltext befindet sich nebst einer englischen
Uebersetzung in den werthvollen malagassischen Handschriften,
die der Herr James Cameron der Sir' G. Grey'schen
Bibliothek zugestellt hat.

Ikotofetsy ging einst in den Wald und holte sich etwas Laingo,*)
das er in eine Schüssel that, die Rafotsibé (der großen schönen
Dame)' zugehörte. Er ging dann weg, und erst nach einiger
Zeit kam er wieder in's Haus der Rafotsibé, und frug: „Wo ist
mein Laingo?" Rafotsibé gestand, sie habe es gebraucht. Ikotofetsy sagte dann:

„Nie kann ich zugeben, daß Du mein Laingo gebrauchst,
Aus dem Walde brachte ich mir das Laingo,
Und nun ist das Laingo von Rafotsibé verbraucht,
Dabei kann ich's nicht bewenden lassen."

Rafotsibé antwortete: „Wenn Du's nicht dabei bewenden
lassen kannst, so will ich Dir eine kleine Nähnadel statt des
Laingo geben". Und sie that so.

Ikotofetsy nahm die Nadel, und ging zu einem Fischfänger.
Der frug ihn, ob er seine Nadel gegen einen kleinen Fisch aus-
tauschen wolle; Ikotofetsy antwortete: „Am Ende gibst Du mir
ihn (den Fisch) gar nicht?" Der Fischfänger sagte: „Ich will ihn
geben", und er gab ihm den Fisch.

Ikotofetsy nahm den Fisch und kam mit ihm zu Wald-
bewohnern, mit denen er den Fisch gegen ein Beil vertauschte.
Dann kam er zu Todtengräbern, die ihn fragten: „Sage mal,
wo ist denn Dein Beil? Wir wollen damit Ochsenfleisch in
Stücke hauen". Ikotofetsy sagte: „Ja, wenn aber mein Beil
zerbrechen sollte, so müßt Ihr nicht vergessen, daß ich dafür ent-
schädigt werden muß." Die Leute willigten ein, und er ließ sie

---

*) Laingo (sprich: Laïngu) ist eine Pflanze, mit deren zartem Stengel die
Zähne tüchtig gerieben werden. Sie werden dann erst ganz schwarz, aber nach
ein oder zwei Tagen wird der schwarze Ueberzug mit ungeschälten Reiskörnern
abgerieben, und die Zähne gehen schneeweiß aus diesem Processe hervor.

dann das Fleisch zerhauen. Dabei zerbrach das Beil und Ikotofetsy sagte: „Nun muß ich das Rindfleisch haben". Und die Leute mußten ihm ein recht großes Stück Fleisch geben.

Ikotofetsy ging dann seines Weges und kam zu einem sehr alten Mann. Der Greis sagte zu ihm: „Können wir nicht etwa einen Tausch machen, und Du mir Rindfleisch für meine Trommel geben?" Ikotofetsy sagte: „Du gibst mir doch wohl nicht Deine Trommel!" Der Greis sagte: „Ich will sie schon geben".

Ikotofetsy nahm die Trommel und ging damit nach dem Markte zu. Auf dem ganzen Wege, bis er auf den Markt kam, schlug er die Trommel, und die Leute riefen: „I der Tausend! Seht nur 'mal, was der Ikotofetsy für eine Trommel hat", und alle Leute auf dem Markte schlugen dann abwechselnd die Trommel, bis sie zersprang. Dann sagte Ikotofetsy:

„Aus dem Walde bracht' ich das Laingo,
Das Laingo wurde von Rafotsibè verbraucht,
Rafotsibè gab mir die Nadel,
Die Nadel kriegte der Fischer,
Der Fischer gab mir den Fisch,
Den Fisch kriegten die Waldbewohner,
Die Waldbewohner gaben ein Beil,
Das Beil zerbrach der Todtengräber,
Der Todtengräber gab mir Ochsenfleisch,
Das Ochsenfleisch kriegte der alte Mann,
Der alte Mann gab mir die Trommel,
Die Trommel zerbrachen die Marktleute,
Dabei kann ich's nicht bewenden lassen,
Die Leute müssen deshalb mir zugehören."

Als die vornehmsten Marktleute dies hörten, gingen sie zu dem König und berichteten ihm, was vorgefallen. Der König sagte aber: „Ja! Wenn Ihr sein Eigenthum zerstört habt, was ist da zu machen? Ihr müßt eben ihm zugehören."

Die malagassische Sprache gehört bekanntermaßen zu der großen malaisch-polynesischen Sprachfamilie, die meiner Meinung nach gleich der Bántu-Sprachfamilie Afrika's mit zu dem Präfix-Pronominalsprachstamm zu rechnen ist. Dies würden aber unendlich alte Beziehungen sein, die nicht wohl so bedeutende Uebereinstimmungen im Märchen-

gebiete erklären. Diese werden neueren Bemühungen zuzuschreiben sein, denen die malagassische Sprache auch manche
spezielle Bântu=Wörter (wie den Namen des Ochsen, Hundes rc.), verdankt.

Am Ende dieser Vorrede muß ich mich noch gegen die
mir in Deutschland untergeschobenen Behauptung wahren,
als wenn ich einen besonders nahen Zusammenhang des
Aegyptischen und des Koptischen mit dem Hottentottischen annähme. Dies ist nie meine Meinung gewesen. Was ich
behauptet habe und wofür ich die Beweise theilweise schon
veröffentlicht habe, theilweise aber am Schluß der zweiten
Abtheilung des zweiten Theiles meiner vergleichenden
Grammatik der süd-afrikanischen Sprachen veröffentlichen
werde, ist folgendes. Das Aegyptische und viele andere
norb-afrikanische Sprachen bilden zusammen mit der semitischen und der indogermanischen Sprachfamilie einen großen
Sprachstamm, der dadurch gekennzeichnet ist, daß die Nomina in Classen oder sogenannte Geschlechter zerfallen, die
mit den natürlichen Geschlechtsunterschieden in eine gewisse
Beziehung getreten sind, obschon sie sich ursprünglich jedenfalls mit diesen nicht decken. Das Hottentottische nun gehört auch diesem Sprachstamm an, den wir dieser Haupteigenschaft wegen den sexuellen (im Englischen sexdenoting) genannt haben. Daß das Hottentottische nun zu
einer dieser Sprachfamilien in einer ganz besonders nahen
Verwandtschaft stände, ist nicht zu beweisen. Es hat die
allgemeinen Charaktere einer sexuellen Sprache, und hat
unter dieser wahrscheinlich die ursprünglichste Art der
sexuellen Classeneintheilung der Nomina am besten bewahrt.
In der Form der Zeichen dieser Geschlechter stimmt es
allerdings mehr mit dem Alt-Aegyptischen und Koptischen überein als mit den andern uns bekannten sexuellen Sprachen:
aber in vielen anderen Einzelnheiten scheinen ihm die letz-

teren wieder näher zu stehen, so das Semitische in der
Bezeichnung des Genetivs und Accusativs durch die Suffixe
-a und -i (-di im Hottentottischen). Ja die semitischen
Sprachen haben auch darin wie das Hottentottische die
ursprünglichsten Verhältnisse beibehalten, daß sie meistens
im Singular und Plural verschiedene Zeichen für die beiden
Geschlechter haben, während das Aegyptische und das Koptische
(wie das neuere Englische) im Plural nur ein Geschlecht
unterscheiden, die indogermanischen Sprachen hingegen den
Singular und Plural in jedem Geschlecht in ein Geschlechts-
zeichen zusammenfallen ließen. Selbst das Indogermanische
hat manche Alterthümlichkeiten beibehalten, die sonst nur
noch im Hottentottischen klar zu sehen sind.

Dies sind eben nur Andeutungen. Die Erläuterungen
und Beweise zu liefern ist Aufgabe des obengenannten
Buches, das hoffentlich bald erscheinen wird. — Bis dahin muß ich nur bitten, nicht als meine Ansicht darzu-
stellen, was es gar nicht ist. Uebrigens gibt es auch in
Asien vereinzelte Glieder dieses sexuellen Sprachstammes,
die weder zur semitischen noch zur indogermanischen Sprachfamilie gehören, z. B. das Kassia oder Khasi. Und wie
viele Sprachen mögen nicht wie das Neu-Persische ursprüngliche Geschlechtseintheilung der Nomina ganz abgestreift
haben. In ähnlicher Weise gibt es ja in West-Afrika z. B.
viele Sprachen, die offenbar zum Bântu-Stamm gehören,
aber alle Spuren der noch viel reichhaltigeren und com-
plicirteren Classeneintheilung der Nomina dieses Stammes
beinahe oder ganz verlustig geworden sind. Der Analogie
nach muß erwartet werden, daß bei vielen Gliedern des
sexuellen Sprachstammes ähnliche Reductionsprocesse statt-
gefunden haben. Doch das sind Ansichten, die, wie unwider-
stehlich sie auch das Studium der afrikanischen Sprachen
uns aufdrängt, doch so vielen bisher gang und gebe ge-

wordenen Betrachtungsweisen entgegenstehen, und eine so
vollständige Revolution in liebgewordenen Theorieen ver=
langen, daß ich mich nicht wundern darf, wenn sie bedeutenden
Widerspruch nicht blos von Seiten der gedankenlosen Ver=
fechter bestehender Ansichten finden.

Bonn, den 26. August 1869.

                                    W. H. J. Bleek.

Beschreibung eines hottentottischen Mattenhauses.

(Nach G. Krönlein.)

Der Hausbau ist bei den Hottentotten zumeist Sache des Weibes und erfordert in der That mehr Arbeit, als man denken sollte. Der Mann thut dazu weiter nichts, als daß er im Felde die nöthigen Dornpfähle zu den Bögen kappt und herbeischafft, sie in's Wasser wirft und wenn die dem Dorn eigene Süßigkeit durch's Wasser aus-gesogen ist, dieselben in die gehörige Form biegt. Am untern dicken Ende derselben müssen sie am Meisten gebogen werden, nach oben biegen sie die Frauen beim Aufrichten des Hauses selbst. Das Ausrupfen der Binsen zu den Matten, — im Flußbette — eine sehr lästige und be-schwerliche Arbeit, ist Sache der Hausfrau und ihrer Töchter, sowie der weiblichen Dienstboten, welche dafür viel Geschick haben. Sind die Binsen sortirt und in Bündel gebunden, so werden dieselben entweder durch Packochsen oder auf Wagen, auch wohl von Aermeren auf dem Kopfe nach Hause geschafft. Nachdem sie dort etwas gelegen und ausgetrocknet, werden sie über Nacht in's Wasser geworfen, um sie für die Bearbeitung weich und geschmeidig zu machen. Zum Aneinanderreihen der Matten besitzt die Hausfrau eine ungefähr 2 Fuß lange, eiserne Nadel — Fa-bricat des Mannes — und ein Falzbein zum Glätten der

Nähte. Den zum „Stechen der Matten" nöthigen Bind-
faden hat die Hausfrau sammt ihren Gehülfinnen auch
selbst bereitet, und zwar aus dem „Bast" oder der Rinde
des Dornholzes. Dieselbe wird sogleich nach der Fällung
abgezogen, und der innere zarte Theil von dem äußern
harten Theil abgelöst und von Aller Munde weich gekaut,
dann auf dem Schenkel aneinander gedreht, so gut wie
man's nur von solcher Seilerarbeit verlangen kann. Es ist
interessant, zu sehen, mit welcher Fertigkeit die weiblichen Hände
hierauf ihre Kunstarbeit verrichten. Auf den Boden ge-
kauert, den Mund zum Bespritzen der Binsen voll Wasser,
durchbohren sie mit ihren langen Nadeln — Stich um
Stich — die einzelnen Binsen bis hin zur letzten. Be-
denkt man, daß jede einzelne Matte 20 bis 30 Mal in
dieser Weise durchstochen und daß zuletzt die beiden äußersten
Nähte eingeflochten werden müssen, damit sie nicht los-
lassen, ferner daß zu einem ordentlichen Hause wenigstens
18 bis 20 Matten von circa 6 bis 8 Ellen Länge nöthig
sind, so wird man wohl .einsehen, daß es den armen
Namaqua-Frauen nicht so leicht wird, ein Haus zu be-
schaffen und in der Folgezeit in gutem Zustande zu unter-
halten.

Soll das Haus aufgerichtet werden, so zeichnet die
Hausfrau oder sonst Jemand einen Kreis auf den Boden
zum Einpflanzen der Pfähle für das Mattenhaus. Derselbe geräth zumeist ausgezeichnet auf's bloße Auge hin,
wie überhaupt die Namaqua ein treffliches Augenmaß besitzen für accurate Arbeiten, ein Vortheil, der dem Damara
abgeht. Das weibliche Personal macht sich hierauf mit
eisernen Brechstangen an's Löchermachen für die Pfähle,
die etwa ein oder anderthalb Fuß auseinander zu stehen
kommen. Sind sie im Boden festgestampft, so werden sie
inwendig mit querliegenden Pfählen als Rippen festge=

bunden bis oben hinauf in die Spitzen. Dies bildet dann
das Skelett des Hauses. Um dasselbe werden alsdann
von unten die soeben beschriebenen Matten erst in
gerader Linie, später in verschiedener Richtung befestigt.
Eine Oeffnung von etwa 1½ bis 2 Fuß Breite und
3 Fuß Höhe gegen Osten bildet den Eingang. Nur gebückt
kann man in dieselbe eintreten. Zuweilen hat man sich
der Enge halber sogar in schiefer Haltung hineinzuzwängen.
Der innere Raum des Hauses ist folgendermaßen einge-
theilt: in der Mitte, gegen die Thür hin, ist die Feuer-
stelle, bei nachläſſigen Frauen nur ein Loch, bei präcisen
Frauen ein ausgemauerter kleiner Herd. Zur Rechten und
Linken gegen die Mattenhauswand sind auf dem in Manns-
länge aufgelockerten Boden die sogenannten „Betten" (kooi),
d. h. Felle und Decken, ausgebreitet, auf denen man bei
Tage kauert, um sich des Nachts darauf niederzulegen.
Hinten, der Thür gegenüber, ist ein viereckiges Ge-
stell von Dornholz angebracht, „der Steiger" genannt,
unter welchem Matten, Säcke, Sättel, Riemen u. s. w.
liegen, an welchem aber auch alle sonstigen Geräthschaften,
wie Bambuse, Eimer, Becher, schönbemalte Knappsäcke mit
Kleidern u. s. w. hängen. Daneben stehen auch wohl bereits eine Kiste oder Kommode und niedrige selbstfabricirte
Stühle, und hier und da trifft man sogar schon einen
kleinen Tisch an. Die äußere Erscheinung des Matten-
hauses ist die eines Bienenkorbes in vergrößertem Maaßstabe.

Erstes Buch.

Reineke Fuchs in Südafrika,

oder

Hottentottische Fabeln, Sagen und Märchen.

Meist nach Originalhandschriften der Rheinischen
Missionare

G. Krönlein und J. Rath.

Für Diejenigen, welche die hottentottischen Laute richtig aussprechen möchten, aber keine Grammatik dieser Sprache besitzen,
bemerke ich, daß es vier verschiedene Schnalzlaute giebt.

1) / bezeichnet einen dentalen Schnalzlaut, der ausgesprochen wird, indem man die Zungenspitze gegen die obern Schneide-
zähne drückt und sie dann plötzlich mit Gewalt abzieht.

2) // ist der laterale Schnalzlaut, dessen eigentlich hottentottische Aussprache europäischen Zungen kaum möglich ist, die ihn
statt dessen gewöhnlich so aussprechen, daß sie die Zunge gegen
die Seitenzähne anstemmen und davon abziehen.

3) ! bedeutet den cerebralen Schnalzlaut, bei dem die
Zungenspitze gegen den oberen Gaumen gedreht und von dort
schnell und gewaltsam wieder abgezogen wird.

4) ≠ bedeutet den palatalen Schnalzlaut. Er wird bewirkt,
indem man die Zungenspitze so flach wie möglich gegen den vor-
deren Gaumenrand drückt und sie schnell und gewaltsam abzieht.

Der griechische Buchstabe χ soll das deutsche ch ausdrücken.

~, der griechische Circumflex, über einem Vocale deutet seine
nasale Aussprache an.

I. Schakal-Fabeln.

1 a. Des Löwen Niederlage.

(Der Hottentottische Originaltext dieser Fabel findet sich in Sir G. Grey's Bibliothek, auf S. 19—20 von Krönlein's Handschrift.)

Die wilden Thiere waren einst, so erzählt man, bei dem Löwen versammelt. Als der Löwe schlief, gab der Schakal dem kleinen Fuchs*) den Rath, er solle einen langen Strick von Straußensehnen drehen, um damit dem Löwen einen Streich zu spielen. So nahmen sie Straußen- sehnen, drehten dieselben zusammen und befestigten den so gedrehten Strick an dem Schwanze des Löwen und das andre Ende desselben an einem Busch. Als der Löwe erwachte und bemerkte, daß er festgebunden war, wurde er zornig und rief die Thiere zusammen. Als sie nun ver- sammelt waren, sprach er folgende Beschwörungsformel aus:

„Welches Kind der Liebe seines Vaters und seiner Mutter, Welcher Liebessprößling des Vaters und der Mutter hat mich angebunden?"

---

*) Der kleine Fuchs, im Nama-Hottentottischen der !Kamá-p, eine kleine Art Fuchs (Vulpes caama), ist ein tüchtiger Läufer. Des Schakals Hottentottischer Name ist /Giri-p, was nach Krön- lein etymologisch Fettgeruchsnachläufer bedeuten soll. Das / drückt den dentalen, und das ! den cerebralen Schnalzlaut aus. (S. die Einleitung.)

1

Da antwortete das Thier, dem die Frage zuerst vor-
gelegt war:

„Ich, Kind der Liebe meiner Mutter und meines Vaters,
Ich, Mutters und Vaters Liebessprößling, habe es nicht
gethan."

Alle antworteten dasselbe. Da er aber den kleinen
Fuchs fragte, sagte dieser:

„Ich, Kind der Liebe meiner Mutter und meines Vaters,
Ich, Mutters und Vaters Liebessprößling, habe Dich
angebunden!"

Da zerriß der Löwe den aus Sehnen geflochtnen Strick
und jagte dem kleinen Fuchs hinterdrein. Der Schakal
aber sagte:

„Mein Junge, Du Sohn der hageren Füchsin,
Du wirst nimmer ergriffen werden!"

Und in der That blieb der Löwe im Laufen hinter
dem kleinen Fuchs zurück.

---

1 b. Der überlistete Löwe.

(Nach brieflicher Mittheilung von Mr. John Sanderson.)

Der Löwe grollte dem Schakal, weil er ihm einen
Streich gespielt hatte. Der Schakal wich daher vorsätzlich
dem Löwen aus. Der Löwe aber überraschte ihn eines
Tages am Fuße eines Felsen, wo an kein Entweichen zu
denken war. Pfeilschnell jedoch sprang der Schakal an den
Felsen heran, stellte sich mit den Vorderfüßen gegen denselben und schrie aus vollem Halse den Löwen um Hilfe

an. „Was gibt's?“ fragte der Löwe. „Gibt's!“ erwiderte der Schakal, „siehst Du denn nicht, daß der Felsen
im Einsturz begriffen ist? Komm her, stelle Dich gegen
ihn und halte ihn, bis ich einen Stock geholt habe, um
ihn damit zu stützen.“ Der Löwe that, wie geheißen, und
so entkam ihm der Schakal.

2. Die Jagd des Löwen und des Schakals.

(Der Hottentottische Originaltext dieser Fabel befindet sich in Sir G. Grey's
Bibliothek, auf Seite 18—19 von Krönlein's Handschrift.)

Der Löwe und Schakal, so sagt man, belauerten einst
Elende, und der Löwe schoß (mit dem Bogen) und schoß
fehl; der Schakal aber traf und rief: „Hahá!“*) Da
sprach der Löwe: „Hëi!**) Du hast nichts geschossen; ich
traf.“ Da sprach der Schakal: „Ja wohl, mein Vater,
Du hast getroffen!“ Und sie gingen heim, um, wenn
das Elend todt wäre, zurückzukommen und es zu zerlegen.
Der Schakal aber kehrte ohne Wissen des Löwen um, schlug
sich auf der Elendsspur die Nase blutig und verfolgte nase-
blutend die Spur der nicht verwundeten Elende, um den
Löwen zu betrügen. Und als er eine gute Strecke gegangen war, kehrte er auf einem andern Wege um und
kam zum todten Elend, in das er dann hineinkroch und

---

*) Hahá! Eine Interjection (mit sehr scharfer Betonung
auf der letzten Silbe), beim Schlagen oder Schießen gebräuchlich,
wenn der beabsichtigte Gegenstand getroffen ist. Sie scheint Nach-
ahmung des natürlichen Tones beim Treffen zu sein. (Krönlein.)
**) Hëi! Interjection verwunderter Abwehr der Ansicht eines
andern. Das ë hat einen äußerst gedehnten und hohen Ton.
(Krönlein.)

barinnen alles Fett sich herausschnitt. Inzwischen folgte der Löwe der Spur, die der Schakal blutig gefärbt hatte, in der Meinung, es sei des Elends Blutspur, und erst, als er schon eine gehörige Strecke gegangen war, kam er dahinter, daß er betrogen sei. Er kehrte dann auf des Schakals Spur um und kam zu dem todten Elend, und als er in dessen Bauche den Schakal erblickte, ergriff er ihn beim Schwanz und zog ihn mit einem Schwunge heraus.

Der Löwe schalt dann den Schakal mit diesen Worten: „Warum betrügst Du mich?" Da sprach der Schakal: „Nein, mein Vater, ich betrüge Dich nicht; das weißt Du wohl, sollte ich denken. Sieh! dieses Fett habe ich für Dich, mein Vater, zurechtgemacht!" Der Löwe sprach: „So nimm das Fett und geh und bring es deiner Mutter!" (der Löwin); und er gab ihm außer dem Fett noch die Lungen, um die letzteren seiner eignen Frau (der Schakalin) und seinen Kindern zu geben.

Als der Schakal zu Hause ankam, gab er das Fett nicht der Löwin, sondern seinem eignen Weib und seinen Kindern; die Lungen hingegen gab er der Frau des Löwen, und warf des Löwen Kinderchen mit den Lungen und schimpfte sie: ·

„Ihr Großpfotenkinder, Ihr Großpfoten!"

Und zu des Löwen Frau sprach er: „Ich gehe meinem Vater helfen!" Er ging aber mit Frau und Kindern ganz weg.

3. Des Löwen Antheil.

(Nach einer Originalhandschrift in Sir G. Grey's Bibliothek, Knudsen's Notizen
über das Hottentottenvolk, Seite 11—12.)

Der Löwe und Schakal gingen einst zusammen auf die
Jagd. Sie schossen mit Pfeilen. Der Löwe schoß zuerst,
aber sein Pfeil erreichte das Ziel nicht; der Schakal traf das
Wild und schrie vor Freude: „Getroffen!" Der Löwe sah ihn
mit seinen zwei großen Augen an, der Schakal aber faßte
sich gleich und sagte: „Nein, ich meine, Ohm, daß Du
getroffen hast!" Sie gingen dann nach dem Wilde, und
der Schakal ließ den Pfeil des Löwen unbemerkt liegen.
Als sie an einen Kreuzweg kamen, sagte der Schakal:
„Lieber Ohm! Du bist alt und müde, bleibe hier!"
Der Schakal ging dann den verkehrten Weg, schlug sich
auf die Nase, ließ das Blut auf die Spur des Wildes
träufeln und kehrte dann wieder zurück. „Ich konnte nichts
finden," sagte er, „obschon ich Blutspuren sah. Willst Du
nicht selbst gehen und genauer nachsehen? Ich will dann
einen andern Weg gehen."

Der Schakal fand nun bald das geschossene Thier,
kroch in dasselbe hinein und fraß das Beste davon. Sein
Schwanz blieb aber draußen; und als der Löwe nun kam,
faßte er denselben, zog den Schakal heraus und warf ihn
auf die Erde mit den Worten: „Du Schelm!" Der
Schakal sprang geschwind wieder auf und fragte klagend:
„Was habe ich denn jetzt wieder gethan, lieber Ohm? Ich
war beschäftigt, das Beste für Dich herauszuschneiden!"
„Nun laß uns gehen, unsre Frauen zu holen!" sagte
der Löwe, aber der Schakal bat den lieben Ohm da-
zubleiben, da er ja doch bei seinem Alter nicht mehr so
schnell laufen könne. Darauf kriegte der Schakal zwei
Portionen Fleisch mit, die eine für seine Frau, die andre,

die viel besser war, sollte er der Frau des Löwen bringen. Als der Schakal nun mit dem Fleische ankam, sahen die Kinder des Löwen ihn kommen, hüpften ihm entgegen und schrieen: „Da kommt Ohm mit Fleisch!" Der Schakal brummte ihnen etwas zu, indem er ihnen die schlechteste Portion hinwarf und dabei sagte: „Da, ihr Großaugenbrut!"

Er ging darauf nach seinem eignen Hause und sagte seiner Frau, sie solle sogleich das Haus abbrechen und nach dem geschossenen Wild hinkommen. Die Löwin wollte dasselbe thun, aber er verbot es ihr, indem er sagte, der Löwe wolle selbst kommen, sie dahin abzuholen. Als der Schakal nun mit Frau und Kindern in die Nähe des Wildbrets kam, lief er in einen Dornbusch hinein und ließ sich von den Dornen das Gesicht zerkratzen. Er kam dann blutend bei dem Löwen an und sagte: „Ach, Du hast eine schöne Frau! Sieh, wie sie mir das Gesicht zerkratzt hat, als ich ihr sagte, daß sie mitkommen sollte. Du mußt sie selbst holen, ich kann sie nicht bringen."

Der Löwe ging zornig nach Hause. „Schnell!" sagte der Schakal nun, „laßt uns einen Thurm bauen!" Und sie legten Stein auf Stein, Stein auf Stein, Stein auf Stein, bis er ganz hoch wurde; dann wurde Alles hinauf= getragen. Als der Schakal nun von seiner hohen Warte den Löwen mit Frau und Kindern kommen sah, rief er ihm zu: „Ohm! während Du fort warst, haben wir einen Thurm gebaut, um das Wild besser sehen zu können." „Ja," sagte der Löwe, „laß mich nur hinaufkommen." „Ja, lieber Ohm, wie willst Du aber hier hinaufkommen? Wir werden einen Riemen hinablassen müssen." Der Riemen wird dann herabgelassen, der Löwe bindet sich daran fest und wird hinaufgezogen; aber als er beinahe oben ist, schneidet der Schakal den Riemen durch und sagt, scheinbar er

schrocken, zu dem hinunterstürzenden Löwen: „O, wie
schwer bist Du, lieber Ohm! Hole einen neuen Riemen,
Frau!" „Einen alten!" sagt er gleich darauf leise zu ihr.
Der Löwe wird dann wieder hinaufgezogen, aber es geht
diesmal wiederum so. „Nein," sagt der Schakal, „das
geht nicht! Aber Du mußt doch so weit hinaufkommen
können, daß Du einen Mund voll bekommen kannst." Er
gibt nun laut den Befehl an seine Frau, ein gutes Stück
zuzubereiten, aber leise sagt er zu ihr, sie solle einen Stein
glühend machen und mit Fett umwickeln. Er zieht alsdann den Löwen wieder hinauf, schreit, es werde ihm zu
schwer, ihn länger zu halten, und bittet ihn deshalb, den
Mund aufzuthun; er wirft ihm sodann den glühenden
Stein in den Rachen. Der Löwe verschlingt denselben,
der Schakal aber beschwört ihn, schnell nach dem Wasser
zu laufen.

---

4. Die Schakalshochzeit.

(Der Hottentottische Originaltext dieser Fabel befindet sich in Sir G. Grey's
Bibliothek, auf Seite 7—8 von Krönlein's Handschrift.)

Der Schakal heirathete, so erzählt man, eine Hyäne,
und raubte den Ameisen eine Kuh, um sie zur Hochzeit
zu schlachten; und als er sie geschlachtet, befestigte er das
Kuhfell über die Hyäne. Nachdem er darauf einen Pfahl
(zum Aufhängen des Fleisches) eingegraben und das Fleisch
aufgehängt hatte, errichtete er oben auf dem gezackten
Pfahle den Kochheerd, um darauf alle möglichen angenehmen Speisen zu kochen. Später kam auch der Löwe
dorthin und wollte hinauf. Da heischte der Schakal von
seinem Töchterchen einen Riemen, um den Löwen hinauf-

zuziehen. Er zog ihn auf, und als sein Gesicht dem Kochtopf nahe kam, schnitt er, ohne daß der Löwe es merkte, den Riemen entzwei, und so stürzte der Löwe hinunter. Da schalt der Schakal sein Töchterlein mit den Worten: „Warum gibst Du mir doch einen so alten Riemen? Gib mir einen neuen!" Da gab sie ihm einen neuen Riemen, und der Schakal zog den Löwen abermals hinauf. Als nun sein Gesicht dem Kochtopf nahe kam, sagte der Schakal: „Sperre den Rachen auf!" und er steckte ihm einen mit Fett bestrichnen heißen Quarzstein in den Rachen hinein, der ihm inwendig Alles verbrannte. So starb der Löwe.

Da kamen auch die Ameisen hinter der Kuh dreingelaufen, und als der Schakal sie sah, floh er. Die Ameisen schlugen dann die Hyäne in ihrem Brukarosgewande. In der Meinung, es sei der Schakal, sagte die Hyäne:

„Du Fahler! Hast Du noch nicht genug Schlagens mit mir gespielt?
Spiele nun doch mit mir ein Liebesspiel!" —

Da biß sie ein Loch in die Kuhhaut und sah, daß es andre Leute waren; und sie floh davon, hier fallend, dort fallend, aber sie entkam doch.

----

5. Die Schlange.

(Der Hottentottische Originaltext dieser Fabel findet sich in Sir G. Grey's Bibliothek, auf Seite 5—6 von Krönlein's Handschrift.)

Es war einmal ein Weißer, so erzählt man, der traf eine Schlange, auf die ein großer Stein gefallen war, so daß sie sich nicht aufrichten konnte. Da hob der Weiße den

Stein von der Schlange auf. Als er ihn aber aufgehoben hatte, wollte die Schlange ihn beißen. Der Weiße sagte jedoch: „Halt! Laß uns Beide erst zu klugen Leuten gehen!" So gingen sie denn und kamen zur Hyäne. Die fragte der Weiße: „Ist es auch wohl recht, daß die Schlange mich nun beißen will, obwohl ich ihr half, da sie hilflos unter dem Steine lag?" Die Hyäne erwiderte: „Nun, was wäre das denn Großes, wenn Du gebissen würdest?" Da wollte ihn die Schlange beißen, aber der Weiße sprach wieder: „Warte erst, und laß uns zu andern klugen Leuten gehen, damit ich höre, ob es auch recht ist!"

Als sie weiter gingen, trafen sie den Schakal. Da redete der Weiße den Schakal an: „Ist's auch wohl recht, daß die Schlange mich beißen will, obschon ich den Stein aufhob, der auf ihr lastete?" Der Schakal erwiderte: „Ich kann es mir gar nicht vorstellen, daß die Schlange so vom Stein bedeckt sein konnte, daß sie nicht im Stande war aufzustehen. Nur wenn ich's mit meinen eignen Augen sähe, würde ich's glauben. Kommt, wir wollen uns auf den Weg machen und zusehen, ob's möglich ist."

So machten sie sich denn Alle auf und gingen nach der Stelle, wo es geschehen war. Dort angekommen sprach der Schakal: „Schlange, lege Dich nieder und laß Dich mit dem Stein bedecken." Da legte der Weiße den Stein auf sie, und, obschon sie sich sehr anstrengte, konnte sie doch nicht aufstehen. Der weiße Mann wollte den Stein wieder aufheben, aber der Schakal sprach: „Laß sie nur liegen, sie wollte Dich ja beißen; sie mag allein aufstehen!"

Und Beide gingen davon.

6 a. Dieselbe Fabel.

(Nach einer Originalhandschrift in Sir G. Grey's Bibliothek, Knudsen's Notizen über das Hottentottenvolk, S. 11.)

Ein Holländer, der allein seines Wegs ging, sah eine Schlange unter einem großen Steine liegen. Die Schlange bat ihn um Hilfe, aber als er sie befreit hatte, sagte sie: „Nun will ich Dich fressen!" Der Mann antwortete: „Das ist aber nicht recht! Laß uns erst zum Hasen gehen!" Als dieser die Geschichte gehört hatte, sagte er: „Das ist ganz recht!" „Nein!" sagte der Mann, „laß uns die Hyäne fragen!" Die Hyäne sagte dasselbe: „Das ist ganz recht!" „Nun laß uns noch den Schakal fragen!" schrie der Mann in seiner Verzweiflung.

Der Schakal schüttelte bedächtig sein Haupt, zog die ganze Geschichte in Zweifel und verlangte erst den Ort zu sehen, um beurtheilen zu können, ob der Mann wirklich im Stande sei, den Stein zu heben. Die Schlange legte sich dann nieder, und zum Beweise der Wahrheit legte der Mann den Stein wieder auf sie. Als sie nun wieder fest lag, sagte der Schakal: „Nun laß sie nur liegen!"

---

6 b. Dieselbe Fabel.*)

(Nach einer brieflichen Mittheilung des Honorable Theophilus Shepstone, Secretär für die Angelegenheiten der Eingebornen in Natal, vom 29. April 1865.)

Ein Pavian suchte sich einst nach der Art der Paviane Nahrung zwischen den Steinen auf einem Berge. Als er einen Stein umdrehte, um sich nach Insekten umzusehen,

---

*) Mr. Shepstone, der diese Fabel von einem Hottentotten hörte, hält sie für ursprünglicher, als die beiden andern Versionen.

legte er eine Schlange bloß, welche die Ruheſtörung verdroß,
und die deßhalb ſogleich den Pavian beißen wollte. Zum
Tod erſchrocken bat der Pavian die Schlange tauſendmal
um Verzeihung für das, was er gethan hatte; aber die er=
zürnte Schlange wollte nichts hören, ſondern beſtand darauf,
den Pavian beißen zu wollen.

Der Streit wäre bald übel für den Pavian abgelaufen,
als ein Schakal zufällig daher trabte und ſogleich von
beiden ſtreitenden Parteien angehalten wurde, die ihm die
Entſcheidung über ihren Streit übertrugen. Der Schakal
mochte keinen von beiden recht leiden, fürchtete ſich aber
am meiſten vor der Schlange, und ſagte, daß, ehe er
die Sache ſich vorlegen laſſe, er in den Stand geſetzt
werden müſſe, ſich ein richtiges Urtheil zu bilden. Des=
halb ſollten zunächſt die ſtreitenden Parteien ſich in die=
ſelbe Lage begeben, in der ſie waren, ehe ſich dieſer Streit
zwiſchen ihnen erhob.

Darauf begab ſich die Schlange wiederum auf ihre alte
Stellung, und der Pavian deckte ſie mit einem Steine zu.
Dann fragte der Schakal die Schlange, ob ſie nicht heraus=
kommen könnte. Die Schlange verſuchte es und ſagte: nein,
ſie könne nicht. Noch einmal fragte ſie der Schakal, um
ſeiner Sache ganz ſicher zu ſein, aber die Schlange gab
dieſelbe Antwort. Darauf ſagte der Schakal zum Pavian:
„Ich rathe Dir, den Sachbeſtand zu laſſen, wie er jetzt
iſt,“ und damit gingen Beide ihrer Wege.

7. Der Wolkenschmaus.

(Der Hottentottische Originaltext dieser Fabel findet sich in Sir G. Grey's Bibliothek, auf Seite 30—31 der Krönleinschen Handschrift.)

Die Hyäne.

Du, der Du dem Tumult entweichst,
Du weiter, geräumiger Busch,
Der Du etwas mitkriegst, wie mühsam auch,
Du an den Knöcheln gespannte Kuh,*)
Du, der Du einen dickrunden Knöchel hast,
Du dickhaariger Nacken,
Du naßgegerbtes Fell,
Du, der Du einen rundgeschwollnen Hals hast,
Du Namafresser,
Du Dickäugiger!

(Krönlein's Handschrift, S. 38.)

Der Schakal und die Hyäne, so erzählt man, waren beisammen, als eine weiße Wolke aufzog. Da stieg der Schakal hinauf und aß, als sei es Fett, von der Wolke. Als er hinunter wollte, sagte er zu der Hyäne: „Meine Schwester Rechtauf, da ich Dir auch etwas lassen will, fange mich recht hübsch auf!" Da fing sie ihn auf; dann folgte sie seinem Beispiel und aß auch dort oben. Als sie satt war, sprach sie: „Mein Bruder, Du Fahler, fange mich nun hübsch auf." Da antwortete der Fahle der Freundin: „Schwester Rechtauf! Ich werde Dich schon gut auffangen; komm nur herab!" Da hielt der Schakal die Hände auf, und die Hyäne kam von der Wolke herunter. Als sie nun nahe war, rief der Schakal, indem er, wie vor Schmerz, bei Seite sprang: „Schwester Rechtauf,

---

*) Wenn die Hyäne sich zuerst in Bewegung setzt, so scheint sie auf den Hinterfüßen zu lahmen, oder „lendenlahm zu sein," wie man von Pferden sagt.   E. L. Layard.

verüble es mir nicht! O wehe! o wehe! o wehe! Ein
Dorn hat mich gestochen und sitzt nun fest!" Da stürzte
die Hyäne herunter.

Seit jenem Tage, sagt man, ist der Hyäne linker
Hinterfuß kürzer und kleiner als der rechte.

Die Hyäne,

nach der Rückkehr vom Raube zu ihren Jungen, wegen überstandner Gefahren.

Das Feuer, es kommt ja,
Der Stein, er kommt ja,
Die Assageie, sie kommt ja,
Die Flinte, sie kommt ja,
Und doch suchet Ihr Nahrung bei mir,
Meine Kinder —
Wird mir's etwa ohne Mühe?

(Krönlein, S. 39.)

---

8. Der Fischdiebstahl.

(Nach Sir James E. Alexander's „Entdeckungsreise im Inneren Afrikas",
Bd. II, S. 246—247.)

Einst sah der Schakal, der an der Grenze der Colonie
lebte, einen Wagen von der Küste kommen, der mit Fischen
beladen war. Er machte den Versuch, auf den Wagen von
hinten hinaufzusteigen, aber es war ihm nicht möglich; da
eilte er demselben vorauf und legte sich auf den Weg
nieder, als wenn er todt wäre. Als der Wagen ihm nahe
kam, rief der Leiter des Gespanns*) dem Kutscher zu:

---

*) In Süd-Afrika ist es bekanntermaßen Sitte, zwölf bis
sechszehn, ja wohl zwanzig Ochsen vor einen Wagen zu spannen;

„Da liegt ein schöner Pelz für Deine Frau!" „Wirf's in den Wagen!" rief der Kutscher. So wurde der Schakal in den Wagen geworfen.

Während der Wagen in der mondhellen Nacht dahin-fuhr, warf der Schakal die Fische auf die Straße, sprang dann selbst hinunter und brachte ein gut Theil in Sicher-heit. Aber eine einfältige alte Hyäne, die hinzukam, ver-zehrte mehr als ihren Antheil, was der Schakal ihr zu gedenken beschloß. So sagte er denn zu ihr: „Du kannst auch Fische genug bekommen, wenn Du Dich vor einen Wagen legst und, was auch geschehen mag, Dich ganz still verhältst." „Jawohl!" brummte die Hyäne; darauf streckte sie sich, sobald wieder ein Wagen von der Küste herkam, auf den Weg hin. „Was für ein garstiges Ge-schöpf ist das?" rief der Leiter und stieß die Hyäne mit dem Fuß an; dann nahm er einen Stock und schlug sie halbtodt. Die Hyäne that, wie ihr der Schakal gesagt hatte, und lag still, so lange sie es aushalten konnte. Dann stand sie auf und humpelte davon, um dem Schakal ihr Leid zu klagen, der sie zum Scheine tröstete.

„Wie schade!" rief die Hyäne, „daß ich kein so hüb-sches Fell habe, als Du!"

---

gewöhnlich leitet ein junger Bursche dieselben, indem er vor ihnen einhergeht und die Zügel des ersten Paares handhabt. Diesen nennen wir hier „Leiter" (englisch „leader", holländisch „leider", abgekürzt „leier"); dagegen regiert der vorn auf dem Wagen sitzende „Kutscher" (englisch „waggondriver") ohne Zügel nur mit einer gewaltig langen Peitsche, die er mit be-merkenswerthem Geschick führt, seine vierbeinigen Unterthanen.

9. Wer war der Dieb?

(Nach Sir James E. Alexanders „Entdeckungsreise im Inneren Afrikas",
Bd. II, S. 250.)

Der Schakal und die Hyäne verdingten sich einst als
Knechte bei demselben Herrn. Mitten in der Nacht stand
der Schakal auf, bestrich den Schwanz der Hyäne mit ein
wenig Fett, und aß dann alles übrige Fett auf, das er
im Hause fand. Am Morgen vermißte der Mann sein
Fett und beschuldigte sofort den Schakal, es verzehrt zu
haben. „Guck nach dem Schwanz der Hyäne!" sagte
der Schelm, „dann wirst Du sehen, wer der Dieb ist"
Das that der Mann und schlug die Hyäne halbtodt.

---

10. Der kranke Löwe.

(Der Hottentottische Originaltext dieser Fabel findet sich in Sir G. Grey's
Bibliothek, auf Seite 29—30 der Krönleinschen Handschrift.)

Der Löwe, sagt man, war krank; da gingen sie Alle,
ihn in seinen Leiden zu besuchen; der Schakal aber ging
nicht hin, weil die Spuren der Leute, die hingingen, um
ihn zu besuchen, nicht wieder zurückkehrten. Da wurde er
von der Hyäne bei dem Löwen verklagt. „Obschon ich
gekommen bin, Dich zu besuchen, will doch der Schakal
nicht kommen, Dich (wörtlich: den Mann) in Deinen Leiden
zu besuchen." Da schickte der Löwe die Hyäne, um den
Schakal zu fangen. Das that sie und brachte ihn vor den
Löwen. Der Löwe fragte den Schakal: „Warum kamst
Du denn nicht, nach mir zu sehen?"

Der Schakal gab zur Antwort: „Bitte, lieber Onkel;
als ich hörte, daß Du so schwer krank seiest, ging ich zum

Zauberdoktor, um Rath zu holen und ihn zu fragen, was für eine Arznei meinem Onkel von seinen Schmerzen helfen würde. Der Doctor aber sagte so zu mir: „„Geh und sage Deinem Onkel, er möge die Hyäne ergreifen, ihr das Fell abziehen, und, wenn es noch warm wäre, es anlegen; dann werde er besser werden.““ *) Die Hyäne ist so nichts= nutzig, daß sie sich gar nicht um die Leiden meines Onkels kümmert.“

Der Löwe folgte diesem Rath, ergriff die Hyäne, zog ihr, während sie aus Leibeskräften heulte, das Fell über die Ohren und legte es an.

---

11. Die Buschtaube und der Reiher.

(Der Hottentottische Originaltext dieser Fabel findet sich in Sir G. Grey's Bibliothek, auf Seite 13—14 der Krönleinschen Handschrift.)

Der Schakal kam einst, so erzählt man, zu der Busch= taube, die oben auf einer Felsenspitze wohnte, und sagte: „Gib mir doch eins Deiner Kinderchen!“ Die Taube erwiderte: „Nein, das will ich wohl bleiben lassen!“ Da sagte der Schakal: „Geschwind gib's, sonst fliege ich hin= auf.“ Da warf sie ihm eins hinunter.

Ein ander Mal kam er wieder, begehrte abermals ein Kindchen, und sie gab es ihm ohne Weiteres. Als der

---

*) Die Namaqua curiren viele Krankheiten durch Einhüllung der Patienten in noch warme Felle von frischgeschlachteten Ziegen, Schafen, Kälbern u. s. w. Dies Mittel hilft oft wunderbar schnell und gut, wenn die nöthige Vorsicht angewandt wird, da die ver= stärkte Ausdünstung die Functionen der Haut neubelebt und so dem Krankheitsstoff Abzug verschafft. Darauf bezieht sich des Schakals schlau ersonnener Doctorrath in Bezug auf die Hyäne.

(Krönlein.)

Schakal sich davon gemacht hatte, kam der Reiher und fragte: „Taube, warum weinest Du?" Da sprach die Taube: „Der Schakal hat mir meine Kinderchen genommen, darum weine ich." Da fragte er sie: „Wie kann er sie Dir denn nehmen?" Da erwiderte sie: „Als er mich um sie bat, schlug ich's ab; als er aber sagte: „„Ich werde hinausfliegen, darum gib sie mir nur,"" da warf ich sie ihm hinunter." Da sprach der Reiher: „Und Du bist so dumm und giebst den Schakalen, die gar nicht fliegen können, Deine Kinder?" Hierauf ermahnte er sie noch, keins mehr zu geben, und ging weg.

Als nun der Schakal wiederkam und sagte: „Taube, gib mir ein Kindchen!" da weigerte sich die Taube und sagte, der Reiher habe ihr erzählt, er, der Schakal, sei gar nicht im Stande zu fliegen. Da murmelte der Schakal: „Wart! den will ich schon kriegen!" und ging seines Weges.

Als der Reiher nun eines Tages am Ufer eines Gewässers stand, fragte ihn der Schakal: „Bruder Reiher! Wenn der Wind von dieser Seite weht, wie stehst Du dann?" Der Reiher wandte ihm seinen Nacken zu und sprach: „So stehe ich, meinen Nacken auf die eine Seite beugend." Der Schakal fragte ihn wiederum: „Wenn aber nun ein Gewitter kommt und es regnet, wie stehst Du dann?" Jener gab ihm zur Antwort: „Dann stehe ich so, indem ich meinen Nacken hierhin beuge." Da schlug ihn der Schakal auf den Nacken und brach denselben mitten entzwei.

Seit jenem Tage ist des Reihers Nacken rundgebogen.

12. Der Hahn.

(Der Hottentottische Originaltext dieser Fabel findet sich in Sir G. Grey's
Bibliothek, auf Seite 29 der Krönleinschen Handschrift.)

Der Hahn, so sagt man, wurde einst vom Schakal be-
schlichen und gepackt. Da sprach der Hahn: „Willst Du
nicht erst beten, ehe Du mich tödtest, wie der weiße
Mann thut?“ Der Schakal erwiderte: „Wie macht er
es denn, wenn er betet? Nun?“ „Er faltet die Hände,“
sagte der Hahn. Da faltete der Schakal die Hände und
betete. Der Hahn sprach wiederum: „Du guckst ja umher; mach’ doch die Augen zu!“ Das that der Schakal,
der Hahn aber flog auf und schalt ihn, indem er rief:
„Du Schelm! Betest Du auch?“
Da saß der Schakal sprachlos, weil er überlistet war.

---

13. Der Leopard und der Widder.

(Nach Sir James E. Alexander's „Entdeckungsreise im Inneren Afrikas,“
Bd. II, S. 247—250.)

Als ein Leopard einst von der Jagd heimkehrte, kam
er zufällig an den Kraal eines Widders. Nun hatte der
Leopard nie zuvor einen Widder gesehen und näherte sich
ihm demzufolge in sehr unterwürfiger Weise, wobei er
sagte: „Guten Tag, mein Freund! Wie magst Du wohl
heißen?“ Der Widder erwiderte mit rauher Stimme, indem er sich mit dem Vorderfuß auf die Brust schlug:
„Ich bin ein Widder; und wer bist denn Du?“ „Ein
Leopard,“ versetzte der Andre, mehr todt als lebendig;
dann nahm er Abschied und eilte heim; so schnell er
laufen konnte. Nun lebte mit dem Leoparden zusammen ein

Schakal, und zu dem ging der Leopard hin und sprach: „Freund Schakal! Ich bin ganz außer Athem und halb-todt vor Schrecken, denn ich habe soeben einen fürchter-lichen Burschen mit großem, dickem Kopfe gesehen, der mir auf die Frage nach seinem Namen ganz grob erwiderte: „„Ich bin ein Widder!““

„Was bist Du doch für ein närrischer Kerl von Leo-parden!" rief der Schakal, „daß Du solch ein schönes Stück Fleisch fahren läßt! Wie kannst Du nur das thun? Aber wir wollen uns morgen auf den Weg machen und es in Gemeinschaft verzehren."

Am folgenden Tage machten sich die Beiden nach dem Kraale des Widders auf; als sie nun auf diesen von der Höhe eines Hügels hinabsahen, erblickte sie der Widder, der ausgegangen war, um frische Luft zu schöpfen, und der eben überlegte, wo er wohl heut den zartesten Salat sich suchen könnte. Da eilte er denn sofort zu seiner Frau und rief ihr zu: „Ich fürchte, daß unser letztes Stünd-lein geschlagen hat! Der Schakal und Leopard kommen beide auf uns zu. Was sollen wir anfangen?" „Sei nur nicht bange," meinte sein Weib; „sondern nimm das Kind hier auf den Arm, gehe damit hinaus und kneife es recht tüchtig, so daß es schreit, als sei es hungrig."

Der Widder gehorchte und ging so den Verbündeten entgegen. Sobald der Leopard den Widder erblickte, be-mächtigte Furcht sich abermals seiner, und er wollte wieder umkehren. Der Schakal hatte für diesen Fall schon Vor-sorge getroffen, er hatte nämlich den Leoparden mit einem ledernen Riemen an sich festgebunden. So sagte er nun: „So komm doch!" Da kniff der Widder sein Kind recht tüchtig und rief dabei laut: „Das ist recht, Freund Schakal, daß Du uns den Leoparden zum Essen bringst, hörst Du, wie mein Kind nach Nahrung schreit?"

Als der Leopard diese schrecklichen Worte hörte, stürzte
er, trotz der Bitten des Schakals, ihn doch los zu lassen,
in der größten Angst davon, indem er zugleich den Schakal
über Berg und Thal, durch Büsche und über Felsen mit
sich fortschleppte und erst dann still hielt und scheu um sich
blickte, als er sich selbst und den halbtodten Schakal wieder
nach Hause gebracht hatte.   So entkam der Widder.

II. Schildkröten-Fabeln.

Der Springbock.

(Eine Gazellenart.)

Weh mir! Er ist einer, der hingeht,
Wo ihn seine Mutter nicht hinziehen läßt,
Der sich fortschnellt,
Sich aufrollend wie ein Buch.*)

(Krönlein, S. 28.)

14. Der Elephant und die Schildkröte.

(Der Originaltext dieser Fabel im o-Tyi-hereró, oder der Damarasprache, findet
sich in Sir G. Grey's Bibliothek, auf S. 27—29 der Handschrift J. Rath's.)

Zwei Wesen, der Elephant und der Regen, stritten |
mit einander. Der Elephant sagte: „Wenn Du sagst,
Du ernährst mich, womit ernährst Du mich denn?" Der
Regen gab zur Antwort: „Wie kannst Du sagen, daß ich

---

*) Der Springbock heißt im Namabialekt nicht blos ‖gûp,
sondern auch wegen seiner dummen Einfalt und Hilflosigkeit
≠hŭép, der Verlegene, Rathlose, Hilfsbedürftige. Sehr poetisch
ist der Passus, daß er sich „aufrollend wie ein Buch" in Sätzen
oder Sprüngen fortbewegt; und doch ist auch darin seine Ver-
legenheit ausgedrückt, da er hierdurch sich zu helfen sucht, sobald
ihm nämlich auf seinen großen, gemeinschaftlichen Zügen eine
Gefahr droht. (Krönlein.)

Dich nicht ernähre? Wenn ich mich entferne, wirst Du dann nicht sterben?" — Da zog der Regen weg.

Da sprach der Elephant: „Geier! wirf das Loos für mich, um Regen zu schaffen." Der Geier sagte: „Ich will das Loos nicht werfen."

Dann sprach der Elephant zur Krähe: „Wirf Du das Loos!" und sie gab ihm zur Antwort: „Gib mir das Nöthige, um das Loos werfen zu können." Die Krähe warf das Loos — und siehe! es regnete. Und durch den Regen bildeten sich Teiche, die jedoch bis auf einen sämmtlich wieder austrockneten.

Als nun der Elephant auf die Jagd gehen wollte, sprach er zur Schildkröte: „Schildkröte, bleibe hier bei dem Wasser zurück!" So blieb die Schildkröte bei dem Wasser, und der Elephant ging auf die Jagd.

Da kam die Giraffe und sprach zur Schildkröte: „Gib mir Wasser!" Die Schildkröte gab zur Antwort: „Das Wasser gehört dem Elephanten."

Dann kam das Zebra und sprach zur Schildkröte: „Gib mir Wasser!" Die Schildkröte gab zur Antwort: „Das Wasser gehört dem Elephanten."

Da kam der Gemsbock und sprach zur Schildkröte: „Gib mir Wasser!" Die Schildkröte sagte dagegen: „Das Wasser gehört dem Elephanten."

Da kam das Gnu und sagte: „Gib mir Wasser!" Die Schildkröte aber erwiderte: „Das Wasser gehört dem Elephanten."

Da kam der rothe Bock und sagte zur Schildkröte: „Gib mir Wasser!" Die Schildkröte versetzte: „Das Wasser gehört dem Elephanten."

Da kam der Springbock und sagte zur Schildkröte: „Gib mir Wasser!" Die Schildkröte aber gab ihm zur Antwort: „Das Wasser gehört dem Elephanten."

Da kam der Schakal und sagte: „Gib mir Wasser!" Die Schildkröte aber sagte: „Das Wasser gehört dem Elephanten."

Da kam der Löwe und sprach: „Schildkrötlein, gib mir Wasser!" Als das Schildkrötlein etwas dagegen sagen wollte, packte es der Löwe und biß es; dann trank der Löwe von dem Wasser, und danach tranken alle Thiere davon.

Als der Elephant nun von der Jagd heimkehrte, sagte er: „Schildkrötlein, wo ist das Wasser?" Die Schildkröte gab zur Antwort: „Die Thiere haben das Wasser getrunken." Da fragte sie der Elephant: „Schildkrötlein! soll ich dich mit meinen Zähnen zermalmen, oder soll ich Dich verschlucken?" Das Schildkrötlein sprach: „Bitte, verschlucke mich!" und der Elephant verschluckte das Schildkrötlein.

Als der Elephant das Schildkrötlein verschluckt hatte, und es nun in dem Bauche des Elephanten war, biß es demselben Leber, Herz und Nieren entzwei. Der Elephant sagte: „O Schildkrötlein, Du tödtest mich!"

So starb der Elephant; das Schildkrötlein aber kam wieder heraus und ging, wohin es wollte.

Die Giraffe.

Du, der Du Fluß um Fluß hinunterziehst,
Du gebrannter Dornbusch,
Du Blauer, *)
Der Du erscheinst wie ein entfernter Dornhügel
voll Menschen.

(Krönlein, S. 27.)

15. Die Giraffe und die Schildkröte.

(Der Hottentottische Originaltext dieser Fabel findet sich in Sir G. Grey's
Bibliothek, auf Seite 5 der Krönleinschen Handschrift.)

Als die Giraffe und die Schildkröte, so erzählt man, eines Tages zusammentrafen, sagte die Giraffe zur Schildkröte: „Wenn ich Lust hätte, so könnte ich Dich ohne Weiteres zertreten!" Da schwieg die Schildkröte vor Schrecken.

Die Giraffe sprach wiederum: „Ich könnte Dich auch verschlingen, wenn ich wollte." Da gab die Schildkröte zur Antwort: „Nun, ich gehöre ja gerade zu den Leuten, die von je her verschlungen worden sind." Da verschlang sie die Giraffe.

Als sie nun mitten in der Kehle der Giraffe steckte, spreizte sich die Schildkröte so aus, daß sie darinnen festsaß. So konnte die Giraffe sie nicht hinunterwürgen und mußte ersticken.

Als die Giraffe todt war, kroch die Schildkröte heraus und ging zur Krabbe (die als Mutter der Schildkröte betrachtet wird) und verkündigte ihr, was geschehen. Da sagte die Krabbe:

---

*) Die Giraffe soll nämlich blaue Asche hinterlassen, wenn sie verbrannt wird. (Krönlein.)

„Das Kräbbchen könnt' ich unter'm Arm (mit Buchoo) —
beſtreuen,*)
Das Krummbeinchen könnt' ich unter'm Arm beſtreuen!"
Die Schildkröte aber gab ihrer Mutter zur Antwort:
„Haſt Du mich nicht von je her beſtreut?
Daß Du mich nun beſtreuen willſt?"
So gingen ſie dahin und zehrten ein volles Jahr von
der Giraffe.

---

16. Die Schildkröten auf der Straußenjagd.

(Der Hottentottiſche Originaltext dieſer Fabel findet ſich in Sir G. Grey's
Bibliothek, auf Seite 8 der Krönleinſchen Handſchrift.

Eines Tages, ſo erzählt man, hielten die Schildkröten
Rath, wie ſie die Strauße jagen könnten; und ſie ſprachen
unter einander: „Laßt uns auf beiden Seiten nahe bei
einander ſtehen (nämlich in Reihen), dann jage eine von uns
die Strauße auf, ſo daß ſie mitten zwiſchen uns hindurch
fliehen müſſen."

So thaten ſie denn, und da ihrer viele waren, ſo
mußten die Strauße eine lange Strecke mitten zwiſchen der
Schildkrötenreihe durchlaufen. Die Schildkröten rührten ſich
inzwiſchen nicht vom Platze, ſondern blieben ſtehen, und
die eine rief der andern zu: „Biſt Du da?" worauf die
andre erwiderte: „Ja, ich bin hier!"

Als die Strauße das hörten, liefen ſie aus Leibes=
kräften davon, bis ſie, zum Tode ermattet, niederfielen.
Nun verſammelten ſich die Schildkröten gemächlich auf dem
Platze, wo die Strauße niedergeſtürzt waren, und ver=
ſpeiſten ſie.

---

*) Dies gilt, gemäß einer Hottentottiſchen Sitte, für An=
erkennung von Tapferkeit.

III. Pavian-Fabeln.

Heretse!*)
Heretse!
Du Schmalarm,
Der Du schmale Hände hast,
Du glatte Stechbinse,
Du gebeugter Nacken,
Du, dessen Leib behend sich auf den Baum schnellt,
Der Du Dich selbst emporschnellst,
Der Du noch nicht auf dem hinter den fernsten Hügeln
liegenden Hügel sterben wirst.**)

(Kröulein, S. 37.)

17. Des Pavians Urtheil.

(Der Hottentottische Originaltext dieser Klein-Namaqualändischen Fabel findet sich in Sir G. Grey's Bibliothek, auf S. 53—55 der Krönleinschen Handschrift.)

Eines Tages, so erzählt man, soll sich das Folgende zugetragen haben:

Die Maus hatte des Itkler (d. i. des Schneiders) Kleider zerrissen; der ging zum Pavian und klagte die Maus folgendermaßen an: „Sieh! darum komme ich zu Dir: Die Maus hat meine Kleider zerrissen, will aber

*) Onomatopoeticum, der Stimme des Pavians nachgebildet.
**) Mit Bezug auf das zähe Leben des Pavians, der stets seinen Verfolgern entwischt.

Nichts davon wissen, sondern klagt die Katze an; die Katze betheuert gleichfalls ihre Unschuld und sagt, der Hund müsse es gethan haben; aber der Hund läugnet es auch und behauptet, das Holz habe es gethan; das Holz wirft indessen die Schuld auf das Feuer und sagt: „„Das Feuer that's!"" Das Feuer aber sagt: „„Nein, ich habe es nicht gethan, das Wasser that's!"" Das Wasser aber sagt: „„Der Elephant zerriß die Kleider!"" und der Elephant behauptet, die Ameise habe sie zerrissen. So zanken sie sich! Deshalb komme ich, der Itler, mit folgendem Vor-schlage zu Dir: Rufe die Leute zusammen und nimm sie in's Verhör, um mir Schadenersatz zu verschaffen!"

Also sprach er, und der Pavian rief Alle zum Ver-höre. Da entschuldigten sie sich denn mit denselben Vor-wänden, die der Itler erwähnt hatte, indem der Eine die Schuld auf den Andern schob.

Der Pavian konnte deshalb keine bessere Strafweise finden, als daß er den Einen den Andern bestrafen ließ. So sprach er denn: „Maus! willst Du dem Itler Schaden-ersatz geben?" Die Maus betheuerte indessen ihre Unschuld. Da sagte der Pavian: „Katze! beiß die Maus!" Da biß die Katze die Maus. Dann legte der Pavian dieselbe Frage der Katze vor, und, da sich diese gleichfalls entschuldigte, so rief er dem Hunde zu: „Du, beiß die Katze!"

So fragte der Pavian sie Alle nach der Reihe; sie entschuldigten sich aber Alle. Da sprach der Pavian dieses Wort zu ihnen:

„Holz, schlag den Hund!
Feuer, brenne das Holz!
Wasser, lösche das Feuer!
Elephant, trinke das Wasser!
Ameise, kneife den Elephanten!"

So thaten sie denn, und seit der Zeit können sie sich nicht mehr mit einander vertragen.

Die Ameise kneift den Elephanten, wo es ihn am meisten schmerzt;
    der Elephant trinkt das Wasser;
    das Wasser löscht das Feuer;
    das Feuer verzehrt das Holz;
    das Holz prügelt den Hund;
    der Hund beißt die Katze;
    die Katze frißt die Maus.

Das war der Schadenersatz, den der Itler durch dieses Urtheil erhielt, und so hielt er an den Pavian die folgende Dankrede:

„Ja, nun bin ich's zufrieden, seit ich diesen Schädenersatz bekommen habe, und von Herzen danke ich Dir, o Pavian, weil Du mir mein Recht verschafft und mir Schadenersatz zuerkannt hast."

Da sprach der Pavian: „Von heute will ich nicht mehr Jan heißen, sondern Pavian soll man mich nennen!"

Seit jenem Tage geht der Pavian auf allen Vieren. Er hat wohl die Fähigkeit aufrecht einherzugehen durch dieses närrische Urtheil eingebüßt. (?)

Der Pavian.

O Du Hohlbackiger,
Du Sohn eines Hohlbackigen,
Du mein Hohlbackiger,
Der Du zwei Hinterbeine hast,
Hohe Hinterbeine,
Mit denen Du auf dem Felsrand sitzest,
Du, dessen Antlitz selbst dem Felsrand gleicht.

(Krönlein, S. 28.)

18. Der Löwe und der Pavian.

(Der Hottentottische Originaltext dieser Fabel findet sich in Sir G. Grey's
Bibliothek, auf Seite 14—15 der Krönlein'schen Handschrift.)

Als der Pavian einst am Rande einer Felswand saß
und sich Bambusse zurechtmachte, beschlich ihn der Löwe.
Nun hatte sich der Pavian runde, hellglänzende, augen-
ähnliche Plättchen von Marienglas am Hinterkopfe befestigt.
Da der Löwe nun auf ihn zukroch, so meinte er, wenn
der Pavian zu ihm aufblickte, daß er ihm den Rücken zu-
kehre, und kam ungestört auf ihn zu. Kehrte ihm der
Pavian aber den Rücken zu, so verbarg der Löwe sich aus
Furcht, gesehen zu werden; guckte der Pavian ihn indessen
wieder an, so schlich er wieder auf ihn zu.

Indem der Pavian sich so anstellte, kam der Löwe dicht
auf ihn zu. Als er nun ganz nahe bei ihm war, schaute
der Pavian auf, und der Löwe kroch noch näher auf ihn
zu. Da sprach der Pavian bei Seite:

„Wenn ich ihn ansehe, so schleicht er auf mich zu,
Wenn meine hohlen Augen auf ihn gerichtet sind."

Als der Löwe nun endlich auf ihn lossprang, warf sich
der Pavian auf sein Gesicht. Da sprang der Löwe über ihn
hin, stürzte über die Felswand und wurde zerschmettert.

Das Zebra.

Du, der Du von den großen Hirtenknaben (mit dem Kirri)
          geworfen wirst;
Du, dessen Haupt des Kirri's Wurf verfehlt,
Du gescheckte Fliege,
Du bunte,
Der Du Denen entgegenspähst, die nach Dir spähen,
Du, der Du, wie ein Weib,
Bist voller Eifersucht!

                                        (Krönlein, S. 27.)

19. Der Zebrahengst.

(Der Hottentottische Originaltext dieser Fabel findet sich in Sir G. Grey's
Bibliothek, auf Seite 17 der Krönleinschen Handschrift.)

Die Zebrastuten, so erzählt man, wurden einst von
den Pavianen am Trinken verhindert. Als nun eine von
den Stuten Mutter eines Füllens ward, da halfen ihr
die andern, (den jungen Hengst) zu säugen, so daß er schnell
groß würde.

Als er nun herangewachsen war, und ein Wassermangel
wieder eintrat, gingen sie mit ihm zur Tränke; da die
Paviane dies bemerkten, liefen sie ihnen, wie sie es von
Alters her zu thun gewohnt waren, in den Weg und ver-
sperrten ihnen den Zutritt zum Wasser. Die Stuten
blieben stehen, der Hengst aber sprang vorwärts und sagte
zu einem Pavian: „Du Gummifresserkind!"

Da sprach der Pavian zu dem Hengst: „Oeffne Deinen
Mund und laß mich sehen, wovon Du lebst." Der Hengst
öffnete seinen Mund, und siehe, Milch war darin.

Drauf sprach der Hengst zum Pavian: „Oeffne Du
auch Deinen Mund und laß mich sehen!" Das that der
Pavian, und siehe, er war voller Gummi. Der Pavian
nahm aber hurtig ein wenig Milch von des Hengstes Zunge.

Da ward der Hengst böse, ergriff den Pavian bei den
Schultern und drückte ihn auf eine heiße Felsenplatte nieder. —
Seit jenem Tage hat der Pavian hinten einen kahlen Fleck.
Der Pavian aber rief wehklagend:

„Weh meiner Mutter Kind!
Ich, der Gummifresser,
Bin von diesem Milcheffer überliftet!"

Das Zebra.

Du //Ari (Zäh-)Busch,
Du Geruchvoller,
Du, der Du es liebst, Dich allzeit in weichem Boden
    zu wälzen,
Dessen Leib ist stets voll weichen Staubes,
Du gespaltenes Kirri des Hirtenknaben,
Du gespaltner Kirrikopf,
Der Du durch Wiehern zurücktreibst
Den Dich suchenden Jäger;
Der Du alle Flüsse durchkreuzest,
Als seien sie nur einer!

(Kröulein; S. 40.)

20. Das verlorne Kind.
(Erzählung.)

(Nach Sir James E. Alexander's „Entdeckungsreise im Inneren Afrika's,"
Band II, Seite 234—235.)

Die Kinder aus einem Dorfe (Kraale) spielten einst
in geringer Entfernung von den Hütten mit Bogen und
Pfeilen; Abends kehrten sie alle heim bis auf einen fünf-
oder sechsjährigen Knaben, der hinter den andern einher-

schlenderte und bald von einem Trupp Paviane umzingelt
wurde, die ihn mit sich auf einen Berg schleppten.

Die Leute zogen aus, den Knaben aufzusuchen, und
jagten mehrere Tage vergebens hinter den Pavianen her.
Er war aber nirgends zu sehen; auch hatten die Paviane
die Gegend schon verlassen.

Etwa ein Jahr nach diesem Ereigniß kam ein Jäger
zu Pferde von fern her in das Dorf und erzählte den
Bewohnern, er habe an einer gewissen Stelle, die er ihnen
näher beschrieb, die Spur von Pavianen gefunden, unter-
mischt mit den Fußtritten eines Kindes.

Die Bewohner des Ortes begaben sich nach der ihnen
vom Jäger bezeichneten Stelle und fanden bald den ver-
mißten Knaben, welcher in Gesellschaft eines großen Pavians
oben auf einem Felsen saß. Sobald die Leute sich näherten,
nahm der Pavian den Knaben auf den Rücken und eilte
mit ihm davon; doch gelang es ihnen nach einer lebhaften
Verfolgung des Knaben habhaft zu werden. Er zeigte sich
anfänglich ganz wild und machte den Versuch, wieder zu
den Pavianen zu entlaufen; man brachte ihn indeß nach
dem Dorfe zurück, und als er seine Sprache wieder erlangt hatte, erzählte er, die Paviane seien äußerst freundlich
gegen ihn gewesen; sie selbst äßen Skorpione und Spinnen,
hätten ihm aber, da sie gesehen, daß er diese beiden Lecker-
bissen nicht berührte, Wurzeln, Gummi und wilde Beeren
gebracht; auch hätten sie ihm, so oft sie an ein Wasser
gekommen wären, stets gestattet, zuerst zu trinken.

21. Der Pavian als Hirte.

(Erzählung.)

(Nach Sir James E. Alexander's „Entdeckungsreise im Inneren Afrikas,"
Band II, Seite 229—230.)

Die Namaqua erzählen, vor Kurzem habe ein Mann
einen jungen Pavian aufgezogen und zu seinem Hirten gemacht. Der Pavian blieb den ganzen Tag im Feld bei
der Heerde und trieb sie Abends in das Dorf zurück,
wobei er auf dem Rücken einer Ziege ritt, die hinterbrein-
trabte. Dem Pavian gehörte die Milch einer Ziege zu;
nur an dieser sog er und hielt auch die Kinder von der
Milch der andern Ziegen zurück. Auch gab ihm sein Herr
wohl bisweilen ein wenig Fleisch. Ein Jahr lang that
er so Dienste als Hirte, dann wurde er aber unglücklicher-
weise auf einem Baume von einem Leoparden getödtet.

IV. Löwen-Fabeln.

22. Der fliegende Löwe.

(Der Hottentottische Originaltext dieser Fabel findet sich in Sir G. Grey's Bibliothek, auf Seite 3—4 der Krönleinschen Handschrift.)

Vor Zeiten, so erzählt man, pflegte der Löwe zu fliegen, und dazumal vermochte Nichts vor ihm leben zu bleiben. Da er nun nicht wollte, daß die Knochen der Thiere zerbrochen würden, die er erjagt hatte, so bestellte er ein Paar weißer Krähen zu Wächtern über die Knochen und ließ sie in dem Kraale zurück, während er auf die Jagd ging. Aber eines Tages kam der große, dicke Frosch dahin, brach die Knochen in Stücke und sprach dabei: „Weshalb kann Mensch und Vieh nicht länger leben?" Und weiter sagte er: „Wenn er kommt, so sagt ihm nur, ich lebe dort an jenem Teiche; wenn er mich aufsuchen will, so mag er nur dorthin kommen."

Der Löwe aber, der (auf Wild) lauerte, wollte just auffliegen, da fand er, daß er nicht fliegen konnte. Darüber ward er zornig und dachte sich gleich, daß auf dem Kraale etwas nicht richtig sei; so kehrte er heim. Dort angekommen, fragte er: „Was habt Ihr gemacht, daß ich nicht auffliegen kann?" Da gaben sie ihm zur Antwort: „Es kam ein Mann hieher, der brach die Knochen in Stücke und sagte dabei: „Will er mich sprechen, so mag er mich dort am Teiche suchen!"

Da ging der Löwe dorthin, und als er ankam, saß
der Frosch just am Rande des Wassers; da versuchte der
Löwe, ihn unbemerkt zu beschleichen. Als er gerade im
Begriff war, ihn zu packen, sagte der Frosch: „Ho!" tauchte
unter, schwamm an die andere Seite des Teiches und setzte
sich dort nieder. Der Löwe verfolgte ihn; da er seiner
aber nicht habhaft werden konnte, kehrte er heim.

Seit jenem Tage, so sagt man, ging der Löwe auf
seinen Füßen und begann (das Wild) zu beschleichen. Die
weißen Krähen aber verstummten gänzlich seit jenem Tage,
an dem sie gesagt hatten: „Von der Sache läßt sich Nichts
sagen!"

---

23. Der Löwe, der sich für weiser hielt, als seine Mutter.

(Der Hottentottische Originaltext dieser Fabel findet sich in Sir G. Grey's
Bibliothek, auf Seite 31—33 der Krönlein'schen Handschrift.)

Man erzählt, daß, als der Löwe und /gurikhoisip
(b. i. der einzige Mensch) mit dem Pavian, dem Büffel
und andern Gefährten ein gewisses Spiel spielten, habe
es in der ╪aroxaams einen Gewitterregen gegeben.
Da geriethen der Löwe und /gurikhoisip in Streit.
„Ich werde auf's Regenfeld laufen!" sagte der Löwe.
Ebenso sagte /gurikhoisip: „Ich werde auf's Regenfeld
laufen!" Da Keiner dem Andern nachgeben wollte, so
gingen sie böse aus einander.
Darnach machte sich der Löwe auf, seiner Mutter zu
erzählen, was sich zwischen ihnen zugetragen hatte. Da
sprach seine Mutter zu ihm: „Mein Vater, hüte Dich vor
Jenem, dem der Kopf aufrecht zwischen den Schultern sitzt,

3 *

der kneifende Waffen führt, der weiße Hunde hält, der mit dem Tigerschweife geschmückt einherschreitet — o hüte Dich vor ihm!"

Der Löwe aber meinte: „Was brauch' ich mich vor Denen zu hüten, die ich kenne?" Die Löwin gab zur Antwort: „Mein Sohn hüte Dich vor Dem, der kneifende Waffen führt." Der Löwe wollte jedoch dem Rathe seiner Mutter nicht folgen, sondern ging an demselben Morgen, während es noch stockdunkel war, nach der ≠aroχaams und legte sich in einen Hinterhalt.

/gurikhoisip kam auch an jenem Morgen nach demselben Platze. Dort angekommen, ließ er seine Hunde trinken und baden; darnach wälzten sie sich umher. Dann trank auch der Mann; als er damit fertig war, kam der Löwe aus dem Busch. Die Hunde umstellten ihn sogleich, wie seine Mutter es ihm vorhergesagt hatte, und /gurikhoisip durchbohrte ihn mit dem Speer.

Als der Löwe gewahr wurde, daß er verwundet sei, rissen ihn zu gleicher Zeit die Hunde wiederum nieder. In dieser Weise ermatteten seine Kräfte. Als seine Kraft nun von ihm gewichen war, sagte /gurikhoisip zu den Hunden: „Laßt ihn nun in Ruhe, auf daß er heimgehe und sich von seiner Mutter unterweisen lasse." So ließen ihn die Hunde denn los und gingen heim, während er dort liegen blieb.

In derselben Nacht wollte er gleichfalls nach Hause gehen, aber unterwegs verließ ihn wiederum seine Kraft und er jammerte:

„O Mutter! Hilf mir auf!

Großmutter! Hilf mir auf!

O weh! — Ach!"

Da hörte die Mutter mit dem Grauen des Morgenrothes seine Klage und sprach:

„Mein Sohn, siehe, das ist es, was ich Dir vorher=
    gesagt;
Hüte Dich vor Dem mit den kneifenden Waffen,
Der mit dem Tigerschweife sich schmückt,
Der weiße Hunde hat!
Ach, Du Sohn von mir, der Kurzohrigen,
Du mein kurzohriges Kind!
Du Sohn von mir, die ich rohes Fleisch fresse,
Der Du rohes Fleisch frissest!
Du Sohn von mir, die ich blutgefärbte Nüstern habe,
Du mit den blutgefärbten Nüstern!
Du Sohn von mir, die ich Sumpfwasser trinke,
Du Wassertrinker!"

---

24. Der Löwe in Frauengestalt.

(Der Hottentottische Originaltext dieser Fabel findet sich in Sir G. Grey's
Bibliothek, auf Seite 60—65 der Krönleinschen Handschrift.)

Mehrere Frauen, so erzählt man, gingen aus, um
Feldkost zu suchen. Auf dem Heimweg setzten sie sich nieder
und sprachen zu einander: „Laßt uns die Feldkost ver=
suchen." Da merkten sie, daß die Feldkost der einen Frau
süß, die der andern dagegen bitter war. Da sprachen sie
unter einander: „Siehe, die Feldkost dieser Frau ist süß!"
und sie sagten zur Eigenthümerin der süßen Feldfrucht:
„Wirf sie weg und suche nach andrer." *)
    In Folge dessen warf sie die Feldfrucht fort und ging,
sich frische zu sammeln. Nachdem sie eine genügende Menge

---

*) Süßliche Kräuter scheinen dem Hottentottischen Geschmack
zuwider zu sein.

eingesammelt, kehrte sie um, die andern Frauen zu suchen,
konnte dieselben indeß nicht auffinden.

Da ging sie hinunter zu dem Fluß, wo der Hase grade
saß und Wasser schöpfte, und sie sprach zu ihm: „Hase,
schöpfe mir Wasser, auf daß ich trinke!" Der Hase gab
indessen zur Antwort: „Aus diesem Becher dürfen allein
mein Onkel und ich trinken!"

Und sie bat ihn wiederum: „Hase, schöpfe mir ein
wenig Wasser und laß mich trinken!" Der Hase aber gab
dieselbe Antwort. Da entriß sie ihm den Becher und trank,
er aber ließ den Becher in ihren Händen und eilte heim,
um seinem Onkel die ihm angethane Schmach zu berichten.

Die Frau trank, stellte den Becher dann wieder hin -
und ging ihres Weges. Bald darauf kam der Löwe hinunter, und als er sie erspäht hatte, setzte er ihr nach.
Als die Frau um sich blickte und den Löwen ankommen
sah, sang sie folgendermaßen:

„Meine Mutter wollte mich nicht gehen lassen, Kräuter
        zu suchen,
Kräuter des Feldes, Frucht vom Felde,
Oho!"

Als der Löwe endlich die Frau eingeholt hatte, jagten
sie einander um einen Dornbusch herum. Da sie nun mit
Perlen und Armringen geschmückt war, sprach der Löwe:
„Laß mich sie anlegen!" Da lieh sie ihm den Schmuck,
darnach weigerte er sich aber, ihr denselben wieder zurück-
zugeben.

So jagten sie einander wieder um den Dornbusch herum, bis der Löwe fiel; da sprang die Frau auf ihn und
hielt ihn nieder. Da sprach der Löwe in einer Beschwörungsformel: „Liebe Tante, es ist nun Morgen und Zeit aufzustehen; erhebe Dich doch und laß mich los!"

Da stand sie von ihm auf, und sie jagten einander wieder um den Dornbusch herum, bis die Frau niederfiel und der Löwe auf sie zusprang. Da redete sie ihn an: „Mein Oheim! Es ist Morgen und Zeit aufzustehen; erhebe Dich doch und laß mich los!"

So stand er denn auf, und sie jagten wieder hinter einander her, bis der Löwe zum zweiten Male niederfiel. Als sie nun auf ihn sprang, sagte er: „Liebe Tante! Es ist Morgen und Zeit aufzustehen; erhebe Dich doch und laß mich los!"

Da standen sie denn wieder auf und jagten einander nach. Zuletzt fiel das Weib nieder. Als sie dann wiederum die obige Beschwörungsformel aussprach, sagte der Löwe: „Hé Kha! Ist's wirklich Morgen und Zeit aufzustehen?"

Somit machte er sich denn dabei, sie aufzufressen, wobei er indeß Sorge trug, ihre Haut unversehrt zu lassen. Diese legte er dann nebst den Kleidern und Schmucksachen der Frau an, so daß er vollkommen wie die Frau aussah, und so verkleidet ging er dann nach ihrem Kraale.

Als die vermeintliche Frau dort ankam, rief die kleine Schwester ihr entgegen: „Lieb Schwesterchen, schenke mir doch ein wenig Milch ein!" Sie gab ihr zur Antwort: „Ich werde Dir nichts einschenken!" Da wandte das Kind sich an seine Mutter und bat: „Mütterchen, schenk' Du mir ein wenig Milch ein!" Die Hausmutter sagte: „Geh doch zu Deiner Schwester und laß Dir von ihr Milch geben!" Da sprach das Kind wieder zu der vermeintlichen Schwester: „Bitte, schenke mir doch ein wenig Milch ein!" Sie wiederholte jedoch ihre Weigerung und sagte: „Nein, ich will nicht!" Da sprach die Mutter zu der Kleinen: „Ich hatte ihr (d. h. der älteren Schwester) die Erlaubniß verweigert, auf dem Felde Kräuter zu suchen,

und weiß nun nicht, was sich zugetragen haben mag. Geh
nur zum Hasen und bitte ihn, Dir Milch einzuschenken."
Da gab der Hase ihr Milch, der Löwe aber sagte:
„Laß mich mit Dir trinken!" Da ging die Kleine mit
ihrem Bambus,*) der als Becher diente, zu der vermeintlichen Schwester, und Beide tranken Milch daraus. Dabei
tröpfelte nun ein wenig Milch auf der Kleinen Hand, und
der Löwe leckte es mit der Zunge auf. Als deren Schärfe
nun Blut hervorlockte, leckte die vermeintliche Frau es
auch auf.

Da klagte die Kleine bei der Mutter: „Mütterchen!
Schwester kneift mir Löcher und saugt das Blut!" Die
Mutter sagte: „Was für eine Löwennatur Deine Schwester
von dem Wege mitgebracht, den zu machen ich ihr ver-
boten hatte, das weiß ich in der That nicht."

---

*) Bambus (//hoes, fem. sg., im Plural //hoeti) nennt man
im Namaqualande nicht ein Rohr, sondern ein hölzernes Trink-
gefäß von ziemlich umfangreicher Größe, in welches hinein die
Mädchen und Dienstboten die Kühe melken. Die warme schäu-
mende Milch bringen sie dann in diesem Gefäß auf umgestülpter
Hand in's Haus. Wer Lust und Appetit hat, nimmt den Bambus
von der Hand der Ueberbringerin, trinkt so viel er will, wischt
sich den Schaum vom Munde und gibt das Gefäß weiter. Ist
aller Mund gesättigt, so wird der Inhalt der übrigen Bambusse
in eine Kalabasse gegossen, um saure oder dicke Milch daraus zu
machen, die zumeist als Kühlung und kräftigere Nahrung um
Mittag genossen wird.

Der Bambus wird zumeist vom Hausvater selbst aus Weiden-
holz verfertigt, das man im Großfluß holt, oder aus Arnholz,
das sich überall im Lande findet. Ist ein Block zu diesem Zwecke
gut mit Fett und anderen Substanzen präparirt worden, so wird
er mit einem eigens dafür vorhandenen krummen Messer aus-
gehöhlt, — eine Arbeit, welche die Männer meisterhaft verstehen.
Hat das Gefäß seine Form erhalten, so wird es auch noch von
außen durch Daraufbrennen von Rändern verziert. (Krönlein.)

Darauf kamen die Kühe nach Hause, und die ältere Schwester reinigte die Geschirre, um die Kühe zu melken. Als sie sich aber den Kühen mit einem Riemen näherte, um ihnen die Hinterfüße zu binden,*) da wollte sich keine einzige von ihr melken lassen.

Da sprach der Hase: „Warum stehst Du nicht vor der Kuh?" Sie versetzte dagegen: „Hase! Rufe Deinen Bruder und steht Ihr Beide vor der Kuh!" Ihr Mann aber sagte: „Was ist über sie gekommen, daß die Kühe sich nicht von ihr melken lassen? Es sind ja doch dieselben Kühe, die sie stets melkt!" Die Hausmutter sagte: „Was hat sich diesen Abend zugetragen? Das sind ja doch dieselben Kühe, die sie stets ohne Beistand melkt. Was mag sie überkommen sein, daß sie in der Gestalt einer Frau, aber mit der Natur eines Löwen heimgekehrt ist?"

Da sagte die ältere Tochter zu ihrer Mutter: „Ich werde die Kühe nicht melken." Mit diesen Worten setzte sie sich hin. Die Mutter sprach dann zum Hasen: „Bringe mir nur die Bambusse (Milchbehälter), dann will ich melken. Ich weiß nicht, was über die Dirne gekommen ist." So melkte die Mutter denn selbst die Kühe, und darnach brachte der Hase die Bambusse nach dem Hause der jungen Frau,

---

*) Beim Melken werden Kühen wohl die Hinterfüße gebunden. Zahme Thiere bedürfen dieser Vorsicht nicht einmal; sie stehen still, sobald das Milchmädchen sich mit seinem „Pst!" ihnen nähert. Nur sehr wilde Thiere erfordern weitere Hilfeleistungen. (Krönlein.) Daß unter den Hottentotten die Mädchen und Frauen die Kühe melken (wie die Sanskritische Tochter, die ja *duhitri*, d. h. Melkerin heißt), unterscheidet diese Nation in sehr bedeutsamer Weise von ihren Kaffrischen Nachbarn, unter denen dies stets Sache der Männer und Knaben ist, wie ja bei den letzteren Frauenzimmer fast gar nichts mit den Rindern zu thun haben dürfen.

woselbst auch ihr Gatte sich befand. Sie aber (d. i. die vermeintliche Frau) gab dem Gatten Nichts zu essen.

Als sie aber zur Nachtzeit in Schlummer gefallen war, hingen einige Löwenhaare heraus; da die Leute das gewahr wurden, riefen sie aus: „Wahrlich, dies ist ein ganz andres Wesen! Darum wollten sich auch die Kühe nicht von ihr melken lassen."

Die Bewohner des Kraals machten sich alsbald daran, die Hütte abzubrechen, in der der Löwe schlafend lag. Während sie nun die Matten abnahmen, sprachen sie die folgende Beschwörungsformel: „Wenn Du uns geneigt bist, o Matte, so gib den Ton *sawa* von Dir!" (d. h. mache kein Geräusch!)

Und zu den Pfählen, auf denen die Hütte ruhte, sagten sie: „Wenn Du uns geneigt bist, o Pfahl, mußt Du den Laut *≠gara* von Dir geben!"

Auch die Bambusse und Bettfelle redeten sie in ähnlicher Weise an.

So entfernten sie die Hütte mit allem Zubehör ganz still und geräuschlos. Dann nahmen sie Grasbüschel, legten sie auf den Löwen und steckten sie dann in Brand, wobei sie sagten: „Bist Du mir freundlich geneigt, o Feuer, so mußt Du so aufflammen: *bubu!* ehe Du an das Herz gelangst."

So flammte das Feuer denn in dieser Weise auf, als es an das Herz kam; da sprang das Herz der getödteten Frau heraus und fiel auf die Erde. Die Hausmutter hob es dann auf und legte es in eine Kalabasse.

Und der Löwe sprach mitten aus dem Feuer heraus: „Deine Tochter hat mir doch gut geschmeckt!" Die Mutter des Hauses gab ihm dagegen zur Antwort: „Ja, Du hast auch dafür jetzt einen recht angenehmen Platz!"

Nun nahm die Mutter des Hauses die erste Milch von allen Kühen, welche kalbten, und that sie in die Kalabaffe, darinnen ihrer Tochter Herz war; die Kalabaffe vergrößerte sich in dieser Weise, und mit ihr wuchs auch das Mädchen darinnen.

Als die Hausfrau nun eines Tages ausging, Holz zu holen, sprach sie zum Hasen: „Bis ich zurückkomme, muß Alles nett in Ordnung sein!" Während der Abwesenheit der Mutter kam nun das Mädchen aus der Kalabaffe hervor und brachte das Innere des Hauses hübsch in Ordnung, ganz wie sie es in früheren Tagen gewohnt gewesen war. Dann sprach sie zum Hasen: „Wenn Mutter heimkommt und fragt: 'Wer hat all dies gethan?' so mußt Du sagen: 'Ich, der Hase, that's!' Nach alle Dem versteckte sie sich im Steiger.*)

Als die Hausmutter nun nach Hause kam, sagte sie: „Hase, wer ist hier gewesen? Es sieht ganz so aus wie zu der Zeit, da meine Tochter noch Alles in Ordnung zu halten pflegte." Der Hase sagte: „Das habe ich gethan!" Aber die Mutter wollte es nicht glauben und guckte in die Kalabaffe. Als sie nun sah, daß diese leer war, suchte sie im Steiger und fand ihre Tochter daselbst. Da umarmten sie sich und küßten einander, und seit dem Tage blieb die Tochter bei der Mutter und that Alles, wie sie es von früherher gewohnt war; verheirathet hat sie sich aber nicht wieder.

---

*) Der Steiger (Hottentottisch +hāp) ist derjenige Holzapparat im Mattenhause, der Thüre gegenüber im Hintergrunde befindlich, woran die Namaqua ihre Bambusse, Fellsäcke und sonstigen Habseligkeiten hängen, und unter welchem die Frauen ihre Binsen bewahren, die zum Anfertigen von Matten dienen. (Krönlein.)

25. Das Weib in Löwengestalt.

(Erzählung.)

(Nach Sir James E. Alexander's „Entdeckungsreise im Inneren Afrikas'', Bd. II, S. 197—198.)

Ein Hottentotte reiste einst mit einer Buschmannsfrau, die ein Kind auf dem Rücken trug. Sie hatten schon eine ziemliche Strecke Weges zurückgelegt, als ein Trupp wilder Pferde sichtbar wurde.

Da sprach der Mann zu der Frau: „Mich hungert, und ich weiß, daß Du Dich in einen Löwen verwandeln kannst; so thu es, ich bitte Dich, und fange uns ein wildes Pferd, auf daß wir etwas zu essen bekommen." Das Weib gab zur Antwort: „Du wirst Dich aber vor mir fürchten!" „O nein!" rief der Mann; „ich fürchte mich nur davor, Hungers zu sterben, aber nicht vor Dir!"

Während er noch sprach, da begann schon hinten aus dem Nacken des Weibes Haar hervorzuwachsen, ihre Nägel nahmen allmählich die Gestalt von Klauen an, und ihre Gesichtszüge veränderten sich. Dann setzte sie das Kind nieder.

Diese Gestaltsveränderung beunruhigte den Mann so sehr, daß er schnell einen nahen Baum erklomm. Das Weib schaute ihn mit funkelnden Augen an, ging dann auf die Seite, zog ihren Fellrock aus, und siehe! da stürzte ein vollkommener Löwe auf die Ebene hinaus. Der schlich zwischen den Büschen dahin, prallte dann mitten unter die wilden Pferde und sprang auf eins derselben. Es fiel nieder, und der Löwe leckte sein Blut.

Dann kehrte der Löwe dahin zurück, wo das Kind schrie, und der Mann rief vom Baum herab: „Genug! genug! thu mir nur Nichts zu Leide! Lege Deine Löwen= gestalt doch ab, ich werde Dich auch niemals mehr bitten, mich's wieder sehen zu lassen!"

Der Löwe sah ihn scharf an und knurrte. „Ich bleibe hier, bis ich todt bin," rief der Mann, „wenn Du nicht wieder eine Frau wirst."

Da begannen Mähne und Schwanz zu verschwinden; der Löwe ging nach dem Busche zu, woselbst der Fellrock lag, zog ihn an, und siehe! die Frau in ihrer eignen Gestalt nahm das Kind wieder auf. Dann kam auch der Mann herab und aß mit von dem Fleische des Pferdes. Er hat aber die Frau später nie wieder gebeten, Wild für ihn zu jagen.

----

26. Der Löwe und der Buschmann.
(Erzählung.)
(Nach Sir James E. Alexander's „Entdeckungsreise im Inneren Afrikas", Bd. II, S. 51.)

Ein Buschmann folgte einst einem Trupp Zebras, und es war ihm soeben geglückt, eins davon mit seinen Pfeilen zu verwunden, als ein Löwe aus einem gegenüberliegenden Dickicht hervorsprang und geneigt schien, ihm den Preis streitig zu machen.

Dem Buschmann kam in dieser Noth ein naher Baum äußerst gelegen, er warf schnell seine Waffen fort und kletterte zu größerer Sicherheit auf einen der höchsten Aeste. Der Löwe ließ das verwundete Zebra laufen und widmete seine ganze Aufmerksamkeit dem Buschmanne. Er wanderte um den Baum herum, wobei er von Zeit zu Zeit knurrte und wüthend nach dem Buschmann hinaufblickte.

Endlich legte sich der Löwe unter dem Baume nieder und blieb dort die ganze Nacht als Schildwache. Gegen

Morgen wurde der Buschmann, der sich bis dahin wach gehalten hatte, vom Schlaf übermannt.

Da träumte er, er sei in des Löwen Rachen gefallen. Darüber erschreckt, fuhr er auf, verlor seinen Halt, fiel von dem Aste herab und kam mit der ganzen Schwere seines Körpers auf den Löwen nieder.

In Folge dieser unverhofften Begrüßung lief das Un-gethüm mit lautem Gebrüll davon, und der Buschmann, der gleichfalls, aber in entgegengesetzter Richtung, sein Heil in der Flucht suchte, entkam glücklich.

V. Fabeln verschiedener Art.

Der Elephant.

Du große Akazie, Du Zweigreiche!
Du Ebenholzbaum, um den viele Blätter gestreut sind.

27. Wie eine Nama-Frau die Elephanten überlistete.

(Der Hottentottische Originaltext dieser Fabel findet sich in Sir G. Grey's Bibliothek, auf Seite 1—3 der Krönleinschen Handschrift.)

Ein Elephant, so wird erzählt, heirathete eine Nama-Hottentottin. Diese bekam einmal Besuch von ihren Brüdern, die aber aus Furcht vor dem Elephanten sich nicht sehen lassen durften.

Die Schwester ging nun aus als wie zum Holzholen, und als sie ihre Brüder traf, steckte sie dieselben zwischen das Holz, brachte sie nach Hause und legte sie auf den Steiger.*) Dann sagte sie: „Ist denn auch wohl, seit ich in diesen Kraal hineingeheirathet habe, ein kniehaarloser (Hammel) für mich geschlachtet?"

Ihre blinde Schwiegermutter sprach dagegen: „Die Frau meines ältesten Sohnes redet von Dingen, über die sie früher nie gesprochen."

---

*) Vergleiche die Anmerkung auf S. 43.

Inzwischen kam der Elephant an, der im Felde ge=
wesen war, roch etwas und scheuerte seinen Rücken an dem
Hause. „Nun," sagte sein Weib, „was Du mir noch nie
erlauben wolltest zu thun, das will ich jetzt thun. Wann
war es, daß Du für mich einen kniehaarlosen (Hammel)
geschlachtet hast?"

Da sprach die Schwiegermutter zu ihm: „Da sie Dinge
spricht, die sie zuvor nie geredet hat, so thue, was sie
wünscht."

So ward denn ein Widder (für sie) geschlachtet. Den
briet sie ganz; dann legte sie in derselben Nacht (nach der
Abendmahlzeit) ihrer Schwiegermutter folgende Frage vor:
„Wie athmet Ihr, wenn Ihr den Lebensschlaf schlaft (d. h.
mit halbem Bewußtsein)? und wie, wenn Ihr den Todesschlaf schlaft (d. h. tiefen Schlaf)?"

Da antwortete die Schwiegermutter: „Hm! ein gespräch-
reicher Abend; wenn wir den Todesschlaf schlafen, athmen
wir so: $s\bar{u}i$, $s\bar{u}i$! und wenn wir den Lebensschlaf schlafen,
dann athmen wir so: χou $!awaba!$ χou $!awaba!$"

Darauf machte die Frau, während die Elephanten sich
zur Ruhe begaben, Alles zurecht. Dann lauschte sie auf
ihr Schnarchen, und sobald sie hörte, daß sie $s\bar{u}i$, $s\bar{u}i$
schliefen, erhob sie sich vom Lager und sprach zu ihren
zwei Brüdern: „Der Todesschlaf ist über ihnen; kommt,
wir wollen uns auf und davon machen!" Sie standen auf,
gingen hinaus und brachen die Hütte ab,*) um Alles mit-
zunehmen, was sie konnten. Dann nahmen sie all ihre

---

*) Da die Hütten der Hottentotten nur aus von Binsen
angefertigten Matten bestehen, welche über ein Flechtwerk aus
gebogenen dünnen und langen Stäben gebreitet werden, so
können sie von den Eingebornen auf ihren nomadischen Zügen
mitgeführt werden. (Siehe die Beschreibung des Hüttenbaues
am Ende der Vorrede.)

nöthigen Geräthschaften und sagten dabei: „Das Ding, welches Geräusch macht, will meinen Tod!" Da blieb denn Alles ruhig.

Als ihre beiden Brüder nun aufgepackt hatten, ging sie mit ihnen zum Viehe hin; aber eine Kuh, ein altes Schaf und eine Ziege ließen sie daheim. Diese wies sie nun an, indem sie zunächst zur Kuh sprach: „Du mußt nicht brüllen, als seiest Du allein, wenn Du nicht meinen Tod wünschest." Gleiches befahl sie dem Schaf und der Ziege.

So machten sie sich mit all dem andern Vieh auf den Weg, und die Zurückgebliebnen brüllten die ganze Nacht hindurch, als wären ihrer viele, und da sie brüllten, als seien noch alle da, so dachte der Elephant: „O, sie sind alle da!"

Als er indeß am Morgen aufstand, da merkte er, daß sein Weib mit allem Vieh auf und davon sei. Da nahm er seinen Stock in die Hand und sprach zu seiner Mutter: „Falle ich, so wird die Erde erdröhnen."

Mit diesen Worten eilte er ihnen nach. Als sie ihn ankommen sahen, bogen sie aus, rannten sich in einer Fels- spalte fest und sprachen: „Wir sind die Vorläufer eines gewaltigen (Reise-)Zuges; Stein meiner Vorältern! öffne Dich für uns!" Da öffnete sich der Fels, und als sie hindurchgegangen waren, schloß er sich wieder (d. h. hinter ihnen).

Dann kam auch der Elephant und sprach zum Felsen: „Stein meiner Vorfahren, öffne Dich auch mir!" Da öffnete sich der Fels, aber als der Elephant in ihn hinein- gegangen war, schloß er sich über ihm. So starb der Elephant.

Da dröhnte die Erde, und die Mutter in ihrer Hütte sprach: „Wie mein ältester Sohn gesagt, so ist es ge- schehen: die Erde erbebt."

————

4

28. Kupfer und Wetter, oder die böse Schwester.

(Der Hottentottische Originaltext dieser Fabel findet sich in Sir G. Grey's
Bibliothek, auf Seite 15—16 der Krönleinschen Handschrift.)

Kupfer und Wetter, so erzählt man, waren Mann und
Frau und hatten eine Tochter, welche unter Leute anderen
Stammes heirathete.

Da kamen ihre drei Brüder, ihr einen Besuch zu
machen; sie erkannte dieselben aber nicht, obschon die Leute
sagten: „Siehst Du denn nicht, daß es Deine Brüder
sind?" Sie entschloß sich, sie in der Nacht zu tödten.
Jene hatten aber ein Perlhuhn zum Wächter.

Da nun des Kupfers und Wetters Tochter sich heran-
schlich, in der Absicht die Männer zu tödten, da gakelte das
Perlhuhn, um sie zu warnen, doch ja auf ihrer Hut zu sein.

So wurden sie diesmal von der Gefahr in Kenntniß
gesetzt; darnach aber schliefen sie wiederum ein.

Da schlich die Schwester zum andern Male auf sie zu.
Das Perlhuhn gakelte wiederum, dabei aber zerriß es den
Strick, womit es angebunden war, und eilte heim. Dar-
auf tödtete jene ihre Brüder.

Als das Perlhuhn beinahe nach Hause gekommen war,
da fing es an zu jammern:

„Des Kupfers und Wetters Tochter hat ihre Brüder
          getödtet,
Ach! ihre Brüder hat sie getödtet!"

Das hörte die Frau und sprach zu ihrem Manne:

„Hörst Du nicht, was der Vogel beweint,
Der Du hier auf dem Boden sitzest, Bambusse bereitend?"

Da sprach der Mann: „Wohlan! verwandle Dich in
ein mächtiges Ungewitter, ich will dann ein starker Wind
werden."

Demgemäß verwandelten sie sich; und als sie in solcher Gestalt in die Nähe des Kraales gekommen waren, woselbst man ihre Söhne getödtet hatte, vereinigten sie sich und wurden zu Feuer; und in der Gestalt eines Feuerregens verbrannten sie den Kraal und sämmtliche Einwohner.

VI. Sonne und Mond.

29. Warum hat der Schakal einen langen schwarzen Streifen auf dem Rücken?

(Der Hottentottische Originaltext dieser Fabel findet sich in Sir G. Grey's
Bibliothek, auf Seite 16 der Krönleinschen Handschrift.)

Die Sonne, so erzählt man, befand sich einst auf der
Erde. Die Menschen waren damals gerade im Umzug
begriffen und sahen sie wohl am Wege sitzen, gingen aber,
ohne sie zu beachten, vorüber.

Der Schakal aber, der hinter ihnen herkam und die
Sonne auch da sitzen sah, ging zu ihr heran und sprach:
„Solch ein hübsches Kindlein lassen die Menschen zurück?"

Er hob die Sonne dann auf und steckte sie in das
Awasell, das er auf dem Rücken trug. Da es ihn aber
brannte, so sprach er: „Komm herab!" und schüttelte sich;
die Sonne klebte aber auf seinem Rücken fest und brannte
von dem Tag an des Schakals Rücken schwarz.

30. Die Sonne und das Pferd.

(Der Hottentottische Originaltext dieser Klein-Namaqualändischen Fabel findet sich in Sir G. Grey's Bibliothek, auf Seite 53 der Krönleinschen Handschrift.)

Einst war, so erzählt man, die Sonne auf Erden, die nahm sich das Pferd und ritt auf ihm. Das Pferd war aber nicht im Stande, das Gewicht der Sonne zu tragen, und deshalb trat der Ochs an seine Stelle und trug die Sonne auf dem Rücken. Seit jenem Tag ist das Pferd mit folgendem Fluche belegt, weil es der Sonne Gewicht nicht tragen konnte:

„Von heut ab sollst Du eine bestimmte Todeszeit haben; *)
Dies ist Dein Fluch, daß Dir eine bestimmte Todes-zeit gesetzt ist;
Und Tag und Nacht sollst Du essen,
Aber die Begierde Deines Herzens soll nicht gestillt werden,
Ob Du auch grasest bis zum Morgengrauen, und aber-mals bis gen Sonnenuntergang!
Siehe, das ist das Urtheil, welches ich Dir auferlege."

So sprach die Sonne. — Seit jenem Tage nahm des Pferdes bestimmte Todeszeit ihren Anfang.

---

*) Vom Januar bis März herrscht jährlich fast regelmäßig im Namaqualande eine Pferdeseuche, die den größten Theil dieser schönen Thiere hinwegrafft, wenn dieselben nicht während dieser Zeit zur Vorsicht aus dem Innern nach /Aus gesandt worden sind. Dies /Aus liegt in dem schmalen Landstrich längs der Seeküste, der nicht wie der übrige Theil des Landes Gewitter-regen, sondern, wie die Kolonie, Seeregen hat. Man schreibt das Entstehen den Thautropfen zu, die in der Gewitterregenzeit am frühen Morgen auf den jungen Grashalmen glänzen und giftig sein sollen. Der Tod erfolgt sehr plötzlich nach dem Ge-nusse solches bethauten Grases.   (Krönlein.)

31. Der Ursprung des Todes.

(Der Hottentottische Originaltext dieser Fabel findet sich in Sir G. Grey's
Bibliothek, auf Seite 33—34 der Krönleinschen Handschrift.)

Der Mond, so wird erzählt, sandte einst ein kleines
Thierchen zu den Menschen und sprach: „Geh zu den
Menschen und sage ihnen: Wie ich ·sterbe und sterbend
lebe, so sollt auch Ihr sterben und im Sterben leben!"

Das Thierchen schlich mit der Botschaft seines Weges
dahin; da ward es von dem Hasen eingeholt, der es fragte:
„Was suchst Du denn?" Da gab das Thierchen zur Antwort: „Ich bin vom Mond zu den Menschen gesandt,
um ihnen zu sagen, daß, wie er stirbt und sterbend lebt,
so sollen sie auch sterben und im Sterben leben." Da
sagte der Hase: „Da Du ein langsamer Bote bist, so laß
mich nur statt Deiner gehen, die Botschaft auszurichten."

Mit diesen Worten eilte er davon, und als er zu den
Menschen gekommen war, sagte er: „Ich bin vom Mond
gesandt, Euch zu sagen: Wie ich sterbe und, wenn gestorben, für immer todt bin, so sollt auch Ihr sterben und
im Tode vergehen!"

Darauf ging der Hase zum Mond zurück und berichtete
ihm, was er den Menschen gesagt. Da ward der Mond
zornig und schalt den Hasen folgendermaßen: „Wie darfst
Du es wagen, den Leuten etwas zu verkünden, das ich
gar nicht gesagt habe?" Bei diesen Worten ergriff er ein
Stück Holz und schlug ihn auf die Nase. Seit jenem
Tag ist des Hasen Nase gespalten.

32. Der Ursprung des Todes.

(Andere Ueberlieferung.)

(Nach H. C. Knudsen's „Großnamaqualand", 12., Barmen 1848, Seite 27—28.)

Der Mond stirbt und wird wieder lebendig. Der Mond sprach zum Hasen: „Gehe zu den Menschen und sage ihnen: Wie ich sterbe und wieder lebendig werde, so sollt auch Ihr sterben und wieder lebendig werden!"

Der Hase ging zu den Menschen und sagte: „Wie ich sterbe und nicht wieder lebendig werde, so sollt auch Ihr sterben und nicht wieder lebendig werden."

Als er zurückkam, fragte der Mond: „Was für eine Botschaft hast Du denn den Menschen gebracht?" „Ich habe gesagt: Wie ich sterbe und nicht wieder lebendig werde, so sollt auch Ihr sterben und nicht wieder lebendig werden."

„Was?" rief der Mond, „das hast Du gesagt?" und er nahm einen Stock und schlug ihn auf den Mund; da spaltete sich sein Mund. Der Hase aber floh und flieht noch.*)

33. Der Ursprung des Todes.

(Dritte Ueberlieferung.)

(Nach einer Originalhandschrift in Sir G. Grey's Bibliothek, von Mr. John Priestley englisch verfaßt.)

Einst sandte der Mond den Hasen auf die Erde nieder, um den Menschen zu verkünden, daß wie er (nämlich der

---

*) „Wir sind jetzt böse auf den Hasen," sagen die alten Namaqua, „weil er so schlechte Botschaft gebracht hat, und wollen sein Fleisch nicht essen."

Mond) hinstürbe und wieder lebendig würde, so sollte auch ein jedes Menschenkind sterben und wieder lebendig werden.

Anstatt aber nun die Botschaft genau auszurichten, sagte der Hase, sei es nun aus Vergeßlichkeit oder aus Böswilligkeit, den Menschen, daß, wie der Mond erschiene und hinstürbe, so sollten auch die Menschen sterben und nicht wieder lebendig werden.

Als der Hase dann zum Monde zurückgekehrt war, wurde er von demselben befragt, ob er seine Botschaft aus- gerichtet habe. Wie nun der Mond erfuhr, was jener gethan, ward er so zornig, daß er ein Beil ergriff, um den Hasen den Kopf zu spalten. Da der Schlag aber zu kurz geführt wurde, so fiel das Beil auf die Oberlippe des Hasen nieder und verletzte dieselbe nicht unbedeutend. Daher stammt nun die sogenannte Hasenscharte, welche noch jetzt zu sehen ist.

Da der Hase nun über eine solche Behandlung höchst empört war, so nahm er seine Nägel zu Hilfe und zer- kratzte damit des Mondes Antlitz. Die dunkeln Partien nun, die wir noch jetzt an der Oberfläche des Mondes wahrnehmen, sind die Schrammen, die er bei dieser Ge- legenheit erhielt.

---

34. Der Ursprung des Todes.

(Vierte Ueberlieferung.)

(Nach Sir James E. Alexander's „Entdeckungsreise im Inneren Afrika's," Band I, Seite 169.)

Der Mond, so erzählt man, wünschte eine Botschaft an die Menschen zu senden, und der Hase sagte, er wolle

sie überbringen. „Eile denn," sprach der Mond, „und
sage den Menschen, daß, wie ich dahinsterbe und wieder
erneuert werde, so sollen sie auch wieder erneuert werden."
Der Hase aber betrog die Menschen und sagte: „Wie
ich sterbe und vergehe, so sollt auch Ihr's!" *)

---

35. Was sich die Zulu's vom Urfprung des Todes erzählen.

(Der Zulusche Originaltext dieses Mythus findet sich in Sir G. Grey's Bibliothek, auf S. 2—7 der „Zulu-Legends", Nr. 214 der „Afrikanischen philologischen
Sammlung".)

Gott (*Unkulunkulu*) stieg von unten (dem Sitze der
Geisterwelt nach der Anschauungsweise der Zulu's) empor
und schuf im Anfange**) Menschen, Thiere und alle
Wesen. Dann rief er das Chamäleon und sprach zu ihm:
„Geh, Chamäleon, und sage den Menschen: Sie sollen
nicht sterben!"
Das Chamäleon machte sich auf, aber es ging gar
langsam und säumte auf dem Wege, um von einem Strauche,
Bukwebezane genannt, zu schmausen.
Als es ein Weilchen fort war, sandte ihm Gott den
Salamander nach und gebot ihm schnell zu laufen, um den

---

*) Die alten Namaqua genießen deshalb kein Hasenfleisch,
die jungen Leute jedoch lassen es sich schmecken, so lange als sie
noch nicht für mannbar erklärt sind. Diese letztere Ceremonie
besteht einfach im Schlachten und gemeinschaftlichen Verzehren
eines Ochsen oder etlicher Schafe. (Sir James E. Alexander.
Vergl. jedoch Kolb, Seite 426 und Seite 487.)
**) „*Ohlangeni*," siehe Colenso's „Zulu-English Dictionary,"
Seite 179.

Menschen zu verkünden, daß sie sterben sollten. Der Salamander machte sich mit dieser Botschaft auf den Weg,
überholte das Chamäleon, kam zuerst bei den Menschen
an und verkündete ihnen, sie müßten sterben.*)

---

*) In Nr. 24 der „Gartenlaube" 1863 findet sich unter der
Rubrik „Blätter und Blüthen", ohne Angabe der Quelle, folgende
Version dieser Zulu-Fabel:

Nachdem die Menschen geschaffen waren, gefielen sie dem
großen Gott Umukunkulu (soll heißen „Unkulunkulu"), und er
schickte das Chamäleon zu ihnen mit der Nachricht, daß sie niemals sterben sollten. Als dies bekannt wurde, so war große
Freude auf Erden. Die Menschen betranken sich bei Tag und
Nacht und thaten, was ihnen nur in den Sinn kam. Da merkte
der Gott Unkulunkulu, daß er einen faux pas gemacht habe.
Er schickte nun die Eidechse herunter und, weil es für den Unkulunkulu als Gott nicht passend gewesen wäre, sein Wort zu
brechen, so mußte die Eidechse den Kaffern erzählen, das Chamäleon habe gelogen. Als die Kaffern solches erfuhren, er-
grimmten sie sehr über das Chamäleon und machten Jagd, um
es umzubringen. Das Chamäleon aber entsetzte sich dermaßen,
daß es ganz weiß wurde vor Schrecken, und da es zuvor braun
gewesen war, so erkannten es die Kaffern nun nicht mehr, und
es entging der Verfolgung. Seit dieser Zeit ist bei den Menschen der Tod und beim Chamäleon der Farbenwechsel üblich
geworden.

VII. Sagen.

36. Heitsi-Eibip.

(Nach einer Originalhandschrift in Sir G. Grey's Bibliothek, Knudsen's Notizen über das Hottentottenvolk, Seite 7.)

Heitsi-Eibip oder *Kabip* war ein großer, berühmter Wundermann unter den Namaqua. Er war im Stande, geheime Dinge zu enthüllen und im Voraus zu verkünden, was später geschehen sollte.

Einmal ist er mit vielem Volke gezogen, und ein feindlicher Haufe jagte ihnen nach. Als sie nun an ein Wasser kamen, sprach er: „Du Vater meines Großvaters, öffne Dich und laß mich hinburch; dann, bitte, schließe Dich wieder!" Es geschah, wie er gesagt, und sie kamen sicher hinburch. Da versuchten die Feinde denn auch durch die Oeffnung hinburch zu kommen; da sie aber mitten brinnen waren, schloß sie sich über ihnen, und sie kamen um.*)

Heitsi-Eibip oder *Kabip* ist mehrere Male gestorben und wieder lebendig geworden. Wenn die Hottentotten an einer der Stellen vorbeikommen, wo er begraben sein soll,

---

*) Knudsen, der diese Sage dem Hottentotten Petrus Frederick nacherzählt, vernahm später, daß *Heitsi-Eibip* eigentlich gar nicht in ihr genannt werde. Sie hat große Aehnlichkeit mit dem Schluß der 27. Fabel von der Frau, die die Elephanten überlistet.

so werfen sie einen Stein auf das vermeintliche Grab, wodurch sie glauben, sich Glück zu verschaffen.

Heitsi-Eibip konnte allerlei verschiedene Gestalten annehmen. Bald erschien er schön, ja sehr schön; dann wurde sein Haar lang, daß es ihm bis über die Schultern hing, zu andern Zeiten wurde es wiederum ganz kurz.

37. Der Sieg des Heitsi-Eibip.*)

(Nach einer Originalhandschrift in Sir G. Grey's Bibliothek, Knudsen's Notizen über das Hottentottenvolk, S. 7.)

Zuerst waren es ihrer zwei. Der Eine hatte ein großes Loch in die Erde gegraben, und saß dabei. Wenn nun Leute vorüberzogen, so forderte er sie auf, ihm einen Stein an die Stirn zu schleudern. Versuchten sie dies, so prallte der Stein ab und tödtete denjenigen, der ihn geworfen hatte; der fiel dann in das Loch.

Endlich kam es zu den Ohren des *Heitsi-Eibip*, daß auf diese Weise viele Menschen umkämen. Da machte er sich denn auf und kam zu dem Mann; der richtete denn auch an *Heitsi-Eibip* die Aufforderung, nach ihm zu werfen.

Der Letztere indessen war viel zu klug dazu und weigerte sich; er lenkte vielmehr die Aufmerksamkeit des Andern auf einen zur Seite befindlichen Gegenstand, und während jener sich danach umsah, traf *Heitsi-Eibip* ihn

---

*) Sir James E. Alexander im zweiten Bande seiner „Entdeckungsreise im Inneren Afrikas" bemerkt auf S. 950: „Am 3. August langte der Wagen zu Aneip (oder „Naßfuß") an, und ich verließ mit Jan Buys und etlichen Anderen unsere Route, um eine Grube zu sehen, die von *Heitsi-Eibip* bewohnt gewesen sein sollte, und welche das Wunder der ganzen Umgegend war".

hinter dem Ohre, daß er starb und in sein eignes Loch fiel.

Seitdem herrschte Frieden im Lande, und die Menschen lebten glücklich und zufrieden.

———

38. Heitsi-Eibip's Sieg.

(Andere Ueberlieferung.)

(Der Hottentottische Originaltext dieser Sage findet sich in Sir G. Grey's Bibliothek, auf Seite 36 der Krönleinschen Handschrift.)

— — — Alle Menschen, welche jener Grube nahekamen, stieß der ‡Gā‡gorip (der In-die-Grube-Stoßer) hinein, da ihm die Lage derselben wohlbekannt war. Inzwischen kam der *Heitsi-Eibip* (auch *Heigeip* genannt) und sah, wie der ‡Gā‡gorip mit den Leuten umging.

Da begannen die Beiden, einander um die Grube herumzujagen, wobei sie ausriefen:

„Stoß den *Heigeip* hinunter!"

„„Stoß den ‡Gā‡gorip hinunter!""

„Stoß den *Heigeip* hinunter!"

„„Stoß den ‡Gā‡gorip hinunter!""

Mit diesen Worten jagten sie einander eine Zeit lang um die Grube herum, endlich aber ward der *Heigeip* hinuntergestoßen. Da sprach er zur Grube: „Unterstütze mich ein wenig!" und sie that es. So unterstützt kam er heraus, da jagten sie einander wieder mit denselben Worten:

„Stoß den *Heigeip* hinab!"

„„Stoß den ‡Gā‡gorip hinab!""

Zum zweiten Male ward der *Heigeip* hinabgestoßen

und sprach die nämlichen Worte: „Unterstütze mich ein wenig, o Grube!" und kam so abermals heraus.

Noch einmal jagten die Beiden einander herum, bis endlich der ╪Gä╪gorip hinabgestoßen wurde. Der kam aber nicht wieder heraus. Seit jenem Tag athmeten die Menschen wieder frisch auf und hatten Ruhe vor ihrem Feinde, da derselbe überwunden war.

39. Der Rosineneffer.

(Der Hottentottische Originaltert dieser Sage findet sich in Sir G. Grey's Bibliothek, auf Seite 34—35 der Krönlein'schen Handschrift.)

Als *Heitsi-Eibip* mit seiner Familie einst eine Reise machte, kamen sie in ein Thal, woselbst der Rosinenbaum reif war; daselbst ward er von einer schweren Krankheit befallen.

Da sprach seine junge Frau (die zweite): „Dieser Tapfre hat von den Rosinen dieses Thales gekostet und ist von schwerer Krankheit befallen. Dies ist der Ort des Todes."

Der alte Mann (d. h. *Heitsi-Eibip*) aber sprach zu seinem Sohne *!Urisip* (dem Weißlichen): „Ich werde nicht leben bleiben, ich fühle es; nun sollst Du mich, wenn ich todt bin, mit platten Steinen leicht bedecken."

Und weiter sprach er: „Folgendes nun befehle ich Euch an: Von den Rosinen dieses Thales sollt Ihr nicht essen. Denn wenn Ihr von denselben esset, so werde ich Euch anstecken, und Ihr werdet sicherlich desselben Todes sterben."

Da sprach sein junges Weib: „Er ist erkrankt, da er

von den Rosinen dieses Thales genossen. Laßt uns ihn schnell begraben und alsbald von dannen gehen!"

Und er starb; sie aber bedeckten ihn, wie er befohlen, sanft mit platten Steinen. Dann verließen sie die Stelle.

Als sie nun nach einem andern Platze gezogen waren und dort ihre Habseligkeiten abgeladen hatten, vernahmen sie beständig auf der Seite, von dannen sie gekommen waren, ein Geräusch, als ob Leute Rosinen äßen und dazu sängen. So hörte das Essen und Singen sich an:

„Ich, des !Urisip Vater,
Dieses Unsaubern Vater,
Der ich diese Rosinen esse,
Und, obschon gestorben, dennoch lebe."

Die junge Frau bemerkte, daß das Geräusch von der Seite herkam, wo sich des alten Mannes Grab befand, und sie sprach: „!Urisip, geh und sieh zu!" Darauf ging der Sohn zum Grabe des Vaters, woselbst er Fußspuren erblickte und sie als die seines Vaters erkannte. Er kehrte dann nach Hause zurück. Da sprach die junge Frau: „Das kann nur Er sein, darum handle so:

So thu dem Mann, der Rosinen ißt auf der Wind-
seite!
Achte auf den Wind, daß von unterhalb Du Dich ihm
näherst;
Dann schneide ihn ab auf seinem Wege zum Grabe,
Und hast Du ihn ergriffen, so halte ihn fest!"

So that er denn. Da er nun zwischen das Grab und *Heitsi-Eibip* kam, bemerkte ihn dieser, sprang vom Rosinen-baum herunter und eilte schleunigst davon, aber am Grabe ward er ergriffen. Da sprach er denn: „Laßt mich los! Ich bin ein Mann, der todt gewesen ist, auf daß ich Euch

nicht anstecke!" Sein junges Weib aber sprach: „Halte
den Schurken fest!"

So brachten sie ihn denn heim, und seit jenem Tage
war er wohl und munter.

---

40. Woher stammt der Unterschied in der Lebensweise der Hottentotten und der Buschmänner.

(Nach einer Originalhandschrift in Sir G. Grey's Bibliothek, Knudsen's
Notizen über das Hottentottenvolk, Seite 7—8.)

Im Anfang sind ihrer zwei gewesen. Der Eine war
blind, der Andre war beständig auf der Jagd. Dieser
Jäger findet schließlich eine Grube in der Erde, aus
welcher Wild hervorkommt, und er schießt die junge Brut
todt. Der Blinde befühlt und beriecht sie und erklärt
dann: „Das ist kein Wild, das sind Rinder."

Später erlangte der Blinde sein Augenlicht wieder,
ging mit dem Jäger nach der Grube hin und bemerkte,
daß es Kühe mit ihren Kälbern wären. Da baute er
denn hurtig einen Kraal (d. h. eine Dornenhecke oder
biblisch „Hürde") um dieselben herum und beschmierte
sich das Haupt mit Fett und rothem Pulver, wie es die
alten, unverfälschten Hottentotten noch zu thun pflegen.

Als der Andre, der jetzt mit großer Mühe sein Wild
suchen mußte, hinzukam und dies sah, wollte er sich
auch salben. „Sieh!" sagte der Andere, „Du mußt die
Salbe erst in's Feuer werfen und dann brauchen." Er
folgte diesem Rathe; da schlugen die Flammen ihm in's
Gesicht und verbrannten ihn ganz jämmerlich, so daß er
froh war, sich aus dem Staube machen zu können. Der

Andre aber rief hinter ihm drein: „Da! Nimm doch den Kirri (d. h. einen Knüppel) mit und eile nach den Bergen, Honig zu erjagen!"

Hiervon stammen die Buschmänner.

VIII. Märchen.

41. Das Weisheitskrämerchen und der kundige Blinde.

(Der Hottentottische Originaltext dieses Märchens findet sich in Sir G. Grey's Bibliothek, auf Seite 53—59 der Krönleinschen Handschrift.)

Ein Mädchen, so erzählt man, ging aus, um Zwiebeln (d. h. zwiebelartige Knollengewächse) zu suchen. Als sie nun an den Platz kam, wo dieselben wuchsen, traf sie mit mehreren Männern zusammen, worunter ein Blinder (d. h. Halbblinder, Einäugiger) war. Als sie nun (nach Zwiebeln) grub, halfen ihr die Männer dabei. Sobald ihr Sack voll war, sprachen sie zu ihr: „Geh nun und sage den andern Mädchen Bescheid, auf daß Eurer mehrere hierher-kommen."

So ging sie denn heim und erzählte ihren Gefährtinnen davon; dann machten sie sich des andern Morgens früh auf. Ein kleines Mädchen aber folgte ihnen; da sagten die Andern: „Laßt die Kleine doch heimgehen!" Ihre ältere Schwester aber that Einspruch dagegen und sagte: „O, sie läuft ja allein, Ihr braucht sie nicht in's Amafell zu nehmen."

So machten sie sich denn mit einander auf den Weg, und als sie den Platz erreicht hatten, wo die Zwiebeln wuchsen, begannen sie zu graben. Das kleine Mädchen aber bemerkte Fußspuren und sagte zu der, die sie dahin-geführt hatte: „O Wunder! Woher nur so viel Spuren?

Bist Du denn nicht allein hier gewesen?" Die Andre gab zur Antwort: „Ich ging hin und her und schaute mich um, darum müssen wohl viele Fußspuren sein!"

Trotzdem wollte die Kleine es nicht glauben, daß dort so viel Spuren sein könnten, wenn das andere Mädchen allein gewesen wäre, und sie blieb unruhig, denn sie war ein Weisheitskrämerchen. Von Zeit zu Zeit erhob sie sich von ihrer Arbeit und guckte sich um, wobei sie einmal zufälligerweise die Höhle eines Erdschweins entdeckte. Später bemerkte sie einige Männer, aber sie wurde nicht von ihnen gesehen.

Darauf kehrte sie zurück und grub weiter mit den andern Mädchen, ohne jedoch irgend etwas von dem zu erwähnen, was sie gesehen hatte. Mitten in ihrer Arbeit erhob sie sich indeß beständig und schaute um sich. Da fragten die Andern sie: „Wonach guckst Du denn soviel und gräbst nicht? Was ist das für ein Mädchen!" Sie aber arbeitete stillschweigend fort. Als sie sich wieder er= hob, sah sie die Männer sich nähern.

Der Einäugige aber blies auf dem Rohre; und er blies also: „Heute soll Blut fließen, Blut fließen, Blut fließen!" Die Kleine verstand, was auf dem Rohre ge= blasen wurde, und sagte zu den Größeren, die im Tanzen begriffen waren: „Versteht Ihr auch wohl, was auf dem Rohre geblasen wird?" Die aber sagten nur: „Was ist das doch für ein Kind!" Da ging sie und tanzte mit den Andern, trug aber Sorge, inzwischen ihrer Schwester Fellmantel an dem ihrigen zu befestigen. Als der Tanz allmählich geräuschvoller wurde, benutzten sie eine Gelegen= heit, um zu entschlüpfen.

Unterwegs fragte die kleine Schwester: „Verstehst Du auch das Rohr; ich meine, was darauf geblasen wird?" Sie gab zur Antwort: „Nein, ich verstehe es nicht." Da

erklärte die Kleine ihr, das Blasen auf dem Rohre be-
deute: „Heut soll Blut fließen!"

Während sie nun dahinwandelten, ließ die Kleine die
ältere Schwester vorangehen und folgte selbst, wobei sie
rückwärts schritt und fürsorglich in ihrer Schwester Fuß-
tapfen trat, so daß sie nur eine Reihe von Fußspuren
hinterließen, die noch dazu in der verkehrten Richtung
liefen. So kamen sie zu des Ameisenfressers Höhle.

Die Männer aber tödteten alle Mädchen, die mit
ihnen tanzten. Da nun die Aeltere der beiden Entflohenen
deren erbärmliches Geschrei hörte, sprach sie: „Ach, meine
Schwester!" Aber die Jüngere erwiderte: „Meinst Du,
Du würdest noch am Leben sein, wärst Du dort geblieben?"

Nun vermißte der Einäugige zuerst die Schwestern
und sprach zu den Andern: „Wo mögen die beiden hübschen
Mädchen sein, die mit mir getanzt haben?" Die Andern
aber spotteten seiner und riefen: „Er lügt; er hat mit
seinem (einzigen) Auge gesehen!" Einauge aber beharrte
dabei, daß wirklich zwei Mädchen fehlten. Da machten
sie sich auf, ihre Spur zu finden; die Fußspuren waren
indessen genügend verwischt, um sie in die Irre zu leiten.

Als die Männer nun bei der Grube des Ameisenfressers ankamen und bemerkten, daß die Spuren nicht
weiter gingen, spähten sie in das Loch hinein, sahen aber
Nichts. Da guckte Einauge auch hinein, erblickte die
Mädchen und rief laut: „Da sitzen sie ja!" Die Andern
guckten nun wieder, sahen aber immer noch nichts, da die
Mädchen sich mit Spinneweben bedeckt hatten.

Da nahm einer der Männer eine Assegaie, stieß sie
von oben in die Höhle hinein und traf damit die Ferse
der Großen; das Weisheitskrämerchen aber hielt die Assegaie fest und wischte das Blut ab, und als die Große
schreien wollte, warnte die Kleine sie, es nicht zu thun.

Als Einauge wiederum hineinspähte, glotzte die Kleine ihn an. Er sagte: „Da sitzt sie ja!" Die Andern guckten auch hinein, da sie aber noch immer nichts wahrnahmen, so sprachen sie spottend: „Er hat wieder mit seinem Auge gesehen."

Endlich bekamen die Männer Durst und sprachen zu Einauge: „Bleib hier, und wir wollen trinken gehen, und wenn wir wieder da sind, magst auch Du gehen."

Als Einauge nun allein dort war, sprach die Kleine so zu ihm (in einer Beschwörungsformel):

„Du schmutziger Sohn Deines Vaters,
Bist Du dort? Bist Du allein nicht durstig?
O Du schmutziges Kind Deines Vaters,
Schmutziges Kind Deines Vaters!"

„Allerdings bin ich durstig!" sagte Einauge und ging davon.

Nun kamen die beiden Mädchen aus der Grube heraus, und die Kleine nahm ihre ältere Schwester auf den Rücken, und sie gingen von dannen. Da sie nun aber über die kahle, buschlose Fläche gingen, erblickten die Männer sie und riefen: „Da sind sie, in der Ferne!" und sie eilten ihnen nach.

Als die Männer ihnen nahe kamen, verwandelten die beiden Mädchen sich in Dornsträucher von der Art, die man „*Wacht-een-bitje*" (d. h. „Wart ein Weilchen!") nennt, und die Perlen, welche sie trugen, wurden zu Gummi an den Bäumen. Da aßen die Männer von dem Gummi und fielen in tiefen Schlaf.

Da sie nun schliefen, bestrichen die Mädchen der Männer Augen mit Gummi und machten sich auf und davon; die Männer ließen sie aber in der Sonne liegen.

Die Mädchen waren schon nahe bei dem Kraal, als Einauge erwachte und rief:

„O Schande! Pfui über Dich!
Die Augen sind uns verklebt!
Pfui über Dich, mein Bruder!"

So nahmen sie den Gummi von ihren Augen und jagten hinter den Mädchen einher. Die aber kamen unversehrt nach Hause und theilten ihren Eltern mit, was geschehen war.

Da weinten und wehklagten Alle. Sie blieben jedoch ruhig daheim, ohne nach den andern Mädchen zu suchen.

---

42. Was geschenkt ist, bleibt geschenkt.

(Ein Mittel, Jemanden einzuschläfern.)

(Der Originaltext in der o-Tyi-herero- oder Damara-Sprache findet sich in Sir G. Grey's Bibliothek, auf S. 39—43 der Handschrift J. Rath's.)

Es war einmal ein kleines Mädchen, die hatte eine *Eïngi* (d. i. eine Art Frucht). Und sie sprach zu ihrer Mutter: „Mutter, warum sagst Du denn nicht: 'Meine Erstgeborne, gib mir die *Eïngi!*'? Denkst Du etwa, daß ich mich dessen weigern werde?"

Da sprach ihre Mutter: „Meine Erstgeborne, gib mir die *Eïngi!*" Sie gab sie ihr und ging davon. Da verzehrte ihre Mutter die *Eïngi.*

Als das Kind zurückkam, sprach es: „Mutter gib mir meine *Eïngi!*" Ihre Mutter aber gab zur Antwort: „Ich habe die *Eïngi* gegessen."

Da sagte das Kind: „Was ist das, Mutter, daß Du meine *Eingi* issest, die ich von unserm Baume gepflückt?" Um sie zu beruhigen, gab ihr die Mutter eine Nadel.

Da ging die Kleine fort und traf ihren Vater, wie er Riemen mit Dornen nähte; und sie sprach: „Wie kommt's doch, Vater, daß Du mit Dornen nähst? Weßhalb sagst Du nicht: 'Meine Erstgeborne, gib mir Deine Nadel!'? Verweigere ich sie denn etwa?"

Da sprach der Vater: „Meine Erstgeborne, gib mir Deine Nadel!" Sie gab sie ihm und ging für ein Weilchen von dannen. Der Vater begann nun zu nähen, die Nadel brach aber. Als das Kind nun zurückkam und sprach: „Vater, gib mir meine Nadel!" da gab er ihr zur Antwort: „Die Nadel ist zerbrochen."

Da beklagte sie sich darüber und sprach: „Wie kommt es doch, Vater, daß Du meine Nadel zerbrichst, die ich von der Mutter erhalten habe, welche meine *Eingi* gegessen, die ich von unserm Baume gepflückt?" Da gab ihr der Vater ein Beil.

Sie aber ging weiter und traf die Burschen, welche die Rinder hüteten. Sie waren damit beschäftigt, Honig auszunehmen, und um dies thun zu können, mußten sie die Bäume mit Steinen fällen. Und sie sprach zu ihnen: „Ihr Söhne unsres Hauses, warum gebraucht Ihr doch Steine, um den Honig herauszubekommen? Weßhalb sagt Ihr denn nicht: 'Unsre Erstgeborne, gib uns das Beil!'? Weigere ich mich denn, oder was thue ich?" Da sprachen sie: „Unsre Erstgeborne, gib uns das Beil!" Sie gab ihnen dasselbe und ging für ein Weilchen von dannen. Das Beil aber brach mitten entzwei.

Da die Kleine nun wiederkam, sprach sie: „Wo ist das Beil? Gebt es mir, bitte." Die gaben zur Antwort: „Das Beil ist zerbrochen!" Da sagte sie: „Was soll es

denn bedeuten, daß Ihr das Beil zerbracht, das ich von
meinem Vater empfangen, der meine Nadel zerbrochen
hatte, die ich von der Mutter erhalten, welche meine *Eïngi*
gegessen, die ich von unserm Baume gepflückt?" Die gaben
ihr aber Honig, um sie nur zu trösten.

Nun ging sie weiter und traf ein altes Mütterchen,
das Insekten aß. Zu der aber sprach sie: „Mütterchen,
warum issest Du doch Insekten? Weshalb sagst Du nicht:
'Meine Erstgeborne, gib mir Honig!''? Weigere ich mich
denn, oder was thue ich?" Da bat das alte Mütterchen
sie: „Meine Erstgeborne, gib mir Honig!" So gab sie
ihr denselben und ging davon; bald aber kehrte sie wieder
und sprach: „Mütterchen, ich will meinen Honig haben!"
Nun hatte die alte Frau während ihrer Abwesenheit allen
Honig aufgegessen, darum gab sie zur Antwort: „Ach! ich
habe den Honig verspeist."

Da beklagte sich das Kind und sprach: „Wie kommt's
doch, daß Du meinen Honig issest, den ich von den Burschen
erhalten habe, die unser Rindvieh hüten, von den Söhnen
unsres Hauses, die mein Beil zerbrochen haben, welches
der Vater mir gegeben, weil er meine Nadel zerbrochen,
die ein Geschenk meiner Mutter war, welche die *Eïngi*
gegessen, die ich von unserm Baume gepflückt."

Da gab die alte Frau ihr Speise, und sie ging davon.

Diesmal kam sie zu den Fasanen, die in der Erde
scharrten. Da sprach sie zu den Fasanen: „Was scharrt
Ihr doch in der Erde, Fasanen? Warum sagt Ihr denn
nicht: 'Erstgeborne, gib uns Speise!'? Weigere ich mich,
oder was thue ich?" Da sprachen sie: „Erstgeborne, gib
uns Speise!" So gab sie ihnen denn die Speise und
ging fort.

Als sie zurückkam und ihre Speise wiederverlangte,
sagten sie: „Wir haben die Speise gegessen." Da sprach

sie: „Wie kann es doch sein, daß Ihr meine Speise gegessen habt, die ich von einer alten Frau empfangen, die
meinen Honig aufgegessen, den ich von den Burschen bekommen hatte, die unsres Rindviehs warten; sie hatten
mein Beil zerbrochen, das mein Vater mir gegeben, weil
er meine Nadel zerbrochen hatte, die ein Geschenk meiner
Mutter war, welche meine *Eïngi* aufgegessen hatte, die ich
von unserm Baum gepflückt?" Da flogen die Fasanen
auf, und ein Jeder von ihnen zog sich eine Feder aus
und warf sie dem kleinen Mädchen zu.

Sie aber ging weiter und kam zu den Kindern, die
der Schafe warteten; und sie zogen Haare aus den Schaf-
fellen. Da fragte sie dieselben: „Was pflückt Ihr doch
an den Fellen? Weshalb sprecht Ihr nicht: 'Erstgeborne,
gib uns die Federn!'? Weigere ich mich denn, oder was thue
ich?" Sie sprachen: „Erstgeborne, gib uns die Federn."
So gab sie ihnen dieselben und ging davon, aber die
Federn brachen allesammt. Sie kam nun wieder und sagte:
„Gebt mir meine Federn!" Jene aber gaben zur Antwort: „Die Federn sind zerbrochen." Da klagte sie denn:
„O, brecht Ihr die Federn entzwei, die ich von den Fasanen erhalten habe, welche meine Speise gegessen hatten,
die mir von einer alten Frau gegeben war!" Da gaben
sie ihr Milch.

Sie machte sich nun wieder auf den Weg und fand
ihren hübschen Haushund, wie er Knochen benagte. Sie
sprach: „Du unser Hund, was nagst Du doch an diesen
Knochen?" Da gab der Hund zur Antwort: „So gib
mir Milch." Sie gab ihm dieselbe, und er trank sie ganz
auf. Da sprach sie zum Hunde: „Gib mir meine Milch
wieder!" Der sprach: „Ich trank sie." Da wiederholte
sie dieselben Worte, die sie schon so oft gesagt hatte; der
Hund aber lief davon, und da sie ihn verfolgte, sprang

er auf einen Baum. Sie stieg ihm nach, der Hund aber sprang an der andern Seite wieder herunter. Das wollte sie auch thun, war es aber nicht im Stande. Da sprach sie: „Lieber Hund, bitte, hilf mir herunter." Der gab zur Antwort: „Warum hast Du mich verfolgt?" lief davon und ließ sie auf dem Baume sitzen.

„Das ist genug!" sagten die Damara.

IX. Nachtrag.

Bantu'sche Fabeln.

43. Vom schlauen Hasen.

(Nach Eugen Casalis „Études sur la langue Séchuana“. Paris 1841. S. 100 bis 103 und desselben „Les Bassoutos“. Paris 1859. S. 366—370.)

Eine Frau hatte große Lust, von der Leber des Nia-matsané*) zu essen. Vergeblich stellte ihr Gatte ihr vor, daß das Fleisch des Niamatsané nicht gut zu essen, und daß es auch gar schwer sei, dieses Thier zu erbeuten, da es mit einem Sprunge über drei Hügel hinwegsetze: die Frau beharrte auf ihrem Verlangen, und um sie nicht durch längeren Widerspruch krank zu machen, willfahrte er ihrem Wunsche und begab sich auf die Jagd.

Bald sah er von Weitem einen Trupp Niamatsané's; Rücken und Beine dieser Thiere waren gleich glühenden Kohlen. Mehrere Tage lang folgte er ihrer Spur, endlich glückte es ihm, sie in der Sonne eingeschlafen zu finden. Er nähert sich ihnen, wirft einen starken Zauber auf sie, tödtet das Schönste aus ihrer Mitte, reißt ihm die Leber aus und bringt den so heiß ersehnten Bissen seiner Frau.

Diese verzehrt ihn mit großer Freude, aber bald dar-auf fühlt sie ihre Eingeweide von einem glühenden Feuer

---

*) Das Niamatsané ist ein fabelhaftes Thier. (Casalis.)

verzehrt. Nichts kann ihren Durst löschen; sie stürzt zum
großen See der Wüste, schöpft alles Wasser daraus, füllt
ihre Kalabasse und trinkt das übrige; dann stürzt sie zu
Boden und bleibt regungslos am Ufer liegen.

Am folgenden Morgen erfuhr der Elephant, der König
der Thiere, daß sein See ausgetrocknet sei; da rief er den
Hasen herbei und sprach zu ihm: „Geh, Du Schnellläufer,
und sieh zu, wer mein Wasser ausgetrunken hat." Mit
Windesschnelle enteilte der Hase und kehrte bald mit der
Meldung zurück, eine Frau habe sein Wasser getrunken.

Da versammelt der König alle Thiere. Der Löwe,
die Hyäne, der Leopard, das Rhinoceros, der Büffel, die
Antilopen, kurz alle Thiere groß und klein, kamen zur
Rathsversammlung. Sie laufen, hüpfen und springen um
ihren Fürsten umher und machen die Wüste erzittern.
Alle wiederholen mit einander: „Man hat des Königs
Wasser getrunken, man hat des Königs Wasser getrunken!"

Der Elephant aber rief die Hyäne vor sich und sprach
zu ihr: „Du mit Deinen scharfen Zähnen, geh und hole
das Wasser von dieser Frau!" Da gab die Hyäne zur
Antwort: „Nein, Du weißt, daß ich die Leute nicht von
vorn anzugreifen pflege." Da rief der Elephant dem
Löwen zu: „So hole Du es, der Du scharfe Klauen hast!"
Der Löwe aber erwiderte: „Weißt Du nicht, daß ich nur
denen Uebel zuzufügen pflege, die mich angreifen?"

Da begannen die Thiere von Neuem, um ihren Fürsten
herum zu tanzen, zu hüpfen und zu springen, sie machten
die Wüste erbeben, und Alle wiederholten mit einander:
„Niemand will des Königs Wasser herbeiholen!"

Da rief der König den Strauß vor sich und sprach
zu ihm: „Der Du mit solcher Gewalt hinten ausschlägst,
bringe mir mein Wasser!" Der Strauß macht sich auf
den Weg; als er nahe bei der Frau angekommen ist, dreht

er, auf eine Seite geneigt und mit vor dem Winde ent-
faltcten Schwingen, sich um und wirbelt den Staub auf;
so nähert er sich der Frau und stößt mit dem Fuße so
heftig gegen die gefüllte Kalabasse derselben, daß das
Wasser darinnen hoch aufspritzt und in großen Strömen
in den See hinabfließt.

Wieder hüpfen und springen alle Thiere um ihren
Fürsten herum und rufen wiederholt: „Das Wasser des
Königs ist wiedergefunden!" Schon drei Mal hatten sie
sich zur Ruhe gelegt, ohne vorher zu trinken; diesen Abend
lagerten sie sich dicht neben dem See, wagten aber nicht,
des Königs Wasser zu berühren. Der Hase aber erhob
sich mitten in der Nacht, ging hin und trank; dann bestrich
er Lippen und Knie des Springhasen, der neben ihm
schlief, mit Schlamm.

Am folgenden Morgen merkten die Thiere, daß das
Wasser sich vermindert habe, und sie riefen unter einander:
„Wer hat des Königs Wasser getrunken?" Da sagte der
Hase: „Seht Ihr nicht, daß der Springhase es gewesen
ist? Seine Kniee sind mit Koth bedeckt, weil er sich ge-
bückt hat, um das Wasser zu erreichen, und er hat soviel
getrunken, daß der Schlamm des Sees noch an seinen
Lippen hängt."

Da erheben sich alle Thiere, hüpfen um ihren Fürsten
umher und rufen: „Der Springhase verdient den Tod,
denn er hat des Königs Wasser getrunken."

Einige Tage nach der Hinrichtung des Springhasen
begann der Hase, der sich aus dem Schienbein seines
Opfers eine Flöte gemacht, darauf zu spielen; dazu sang
er: „Tuh! Tuh! Tuh! Dies Flötchen ist aus dem Bein
des Springhasen gemacht. Häschen, was bist Du geschickt!
Springhase, was bist Du dumm!"

Als die Andern diesen Gesang hörten, suchten sie des Hasen habhaft zu werden, aber er entkam ihnen und hielt sich dann verborgen. Nach einiger Zeit suchte er jedoch den Löwen auf und sprach zu ihm: „Mein Freund, Du bist mager; die Thiere fürchten Dich, und es gelingt Dir nur selten, eins zu tödten; verbünde Dich mit mir, dann will ich Dich stets mit Wildbret versorgen.

Das Bündniß ward abgeschlossen, und den Anordnungen des Hasen gemäß umgab der Löwe einen großen Flächenraum mit einem starken Gehege und grub in der Mitte desselben ein ziemlich großes Loch; hierauf ließ er den Löwen in das Loch hineingehen und bedeckte ihn derartig mit Erde, daß nur seine Zähne sichtbar waren.

Dann eilte er in die Wüste und rief: „Kommt herbei, Ihr Thiere, kommt herbei! Ich will Euch ein Wunder zeigen! Kommt und seht einen Kinnbacken, der aus der Erde hervorsproßt!"

Die Thiere kommen allzu leichtgläubig von allen Seiten herbei. Erst kommen die Gnus; fröhlich hüpfen sie in die Umzäunung hinein und rufen im Chor: „O Wunder, Wunder! Es sind Zähne aus der Erde hervorgewachsen!" Es kommen die Quaggas, diese dummen Thiere; ja selbst die scheuen Antilopen lassen sich mit hinziehen. Inzwischen tritt auch der Affe ein mit seinem Jungen auf dem Rücken; er geht gradeswegs auf das Loch zu, scharrt mit einem spitzen Stock die Erde leichthin auf und spricht dabei: „Wer ist dieser Todte? Halte Dich gut fest, mein Kind. Dieser Todte ist noch immer zu fürchten." Bei diesen Worten klimmt er gewandt an der Umzäunung empor und enteilt in schleunigster Flucht. Im nämlichen Augenblick springt der Löwe aus seinem Loche hervor, der Hase schließt das Thor des Geheges ab, und bald sind alle Thiere im Innern desselben erwürgt.

Doch dauerte die Freundschaft zwischen dem Hasen und dem Löwen nicht lange; der letztere rühmte sich stets seiner überlegnen Stärke, und sein kleiner Bundesgenoß beschloß sich zu rächen. „Mein Vater," sprach er zum Löwen, „wir sind dem Regen und Hagel stets ausgesetzt, laß uns eine Hütte bauen." Der Löwe, zu faul um selbst zu arbeiten, begnügt sich damit, den Hasen gewähren zu lassen. Der verschlagene Schnellläufer aber flocht den Schwanz des Löwen so geschickt mit den Pfählen und dem Binsenwerk der Hütte zusammen, daß er für immer dort festsaß.

So hatte der Hase die Genugthuung, seinen Neben-buhler vor Hunger und Wuth sterben zu sehen; dann zog er ihm die Haut ab und vermummte sich mit Hilfe der-selben.

Da bringen ihm die Thiere, vor Furcht zitternd, von allen Seiten Geschenke herbei; sie werfen sich ihm zu Füßen

und überhäufen ihn mit Ehrenbezeugungen. Von Stolz
berauscht, vergaß der Hase endlich seine Verkleidung und,
rühmte sich seiner Schlauheit und List.

Seit der Zeit verfolgt man ihn und stellt ihm von allen
Seiten nach; alle Vierfüßler verabscheuen und verfluchen
ihn; wo er sich nun zeigt, da ruft Alles: „Da ist der
Mörder des Springhasen, der Erfinder der Kinnbacken-
grube, der grausame Diener, der seinen Herrn hat Hungers
sterben lassen." Um in seinen alten Tagen endlich Ruhe
genießen zu können, sah der Hase sich gezwungen, sich ein
Ohr abzuschneiden, und erst nach dieser schmerzhaften
Operation durfte der Unglückliche, verflucht von Allen, es
wagen, unter seinen Mitbürgern zu erscheinen, ohne fürchten
zu müssen, erkannt zu werden.

---

44. Warum hat der Felshase keinen Schwanz?

(Nach Dr. H. Callaway's Aufzeichnung des Originaltextes dieser Fabel in der
Zulusprache, in einer Handschrift von Sir G. Grey's Bibliothek.)

An dem Tage, da die Thiere ihre Schwänze zugewiesen
erhielten, war der Himmel mit Wolken überzogen, und es
drohte zu regnen. Daher wagte der Felshase sich nicht
aus seiner Höhle hervor, sondern bat die andern Thiere,
ihm doch seinen Schwanz mitzubringen.

Alle Thiere kamen mit Schwänzen versehen zurück,
aber keines brachte dem Felshasen den seinigen mit.

Bis auf den heutigen Tag hat deshalb der Felshase
noch immer keinen Schwanz und kann nicht, wie die andern Thiere, mit dem Schwanze wedeln.

Zweites Buch.

Reineke Fuchs in Nordafrika,

oder

Fabeln und Märchen

der

Haussa, Bornu, Temne, Bullan, Akras und Woloffen.

Nach den Missionaren

J. F. Schön, S. W. Kölle, C. F. Schlenker, G. R. Nyländer, J. Zimmermann, Boilat u. A.

I. Hyänen-Fabeln.

1. Warum hat die Hyäne ein buntes Fell?

(Der Hauffasche Originaltext dieser Fabel findet sich auf Seite 212—213 von J. F. Schön's „Grammar of the Hansa-Language", London 1862.)

Der Schakal stand einst am Wasser und fing sich Fische; bald hatte er eine beträchtliche Anzahl gefangen, zog sie heraus und aß davon. Als er gesättigt war, dachte er: „Wer soll nun die übrigen Fische verzehren, die ich gefangen habe?"

Während er das noch bei sich überlegte, kam die Hyäne des Weges. Sobald der Schakal ihrer ansichtig wurde, rief er sie heran und sagte: „Siehst Du all' diese Fische hier, Hyäne? Iß davon, wenn Du magst." Die Hyäne fraß gierig den ganzen Vorrath auf; das verdroß indessen den Schakal.

Inzwischen kam ein Perlhuhn herbei, ließ sich auf einem nahen Baume nieder und sang: „Kilkal, Kilkal!" Als die Hyäne das schön gesprenkelte Gefieder des Perlhuhns bemerkte, rief sie: „Ach, hätte ich doch auch ein so herrlich geflecktes Fell!" „Weißt Du, wer diese bunten Sprenkel macht?" entgegnete der Schakal, „das thue ich!" „Ach," rief die Hyäne, „wolltest Du mein Fell doch auch mit diesen schönen Flecken schmücken!" „Warum denn nicht?" meinte der Schakal scheinbar gutmüthig; „wenn Du so

6 *

gern ein derartig gesprenkeltes Fell haben willst, so hole
mir nur ein scharfes Messer und Etwas weißer Erde."

Die Hyäne, die in ihrer Dummheit nicht ahnte, daß
der Schakal über ihr gieriges Fressen ärgerlich sei, lief
davon und kehrte bald mit ein Wenig weißer Erde zurück,
auch ein scharfes Messer brachte sie mit sich. Der Schakal
gebot ihr nun, sich niederzusetzen, hielt sie mit der einen
Hand beim Kopfe fest, während er mit der andern lustig
hier und dort Einschnitte in ihren Rücken machte, dabei
sang er fröhlich:

„Du aßest meine Fische,
Ich rudere nun auf Deinem Rücken."

Endlich riß sich die Hyäne los und humpelte voller Schmerz
mit ihrem schöngezeichneten Körper davon. Der Schakal
aber lachte ganz unbändig, daß er den Rücken der Hyäne
so schön hatte zurichten können.

---

2. Für-Euch-Alle.

(Der Haussasche Originaltext dieser Fabel findet sich auf Seite 168—171 von
J. F. Schön's „Grammar of the Hausa-Language", London 1862.)

Die Hyäne pflegte ihren Jungen auf folgende Weise
Nahrung zu bringen: sie las im Walde Knochen auf und
brachte sie ihren Kindern als Nahrung heim. Sobald die
Nacht hereingebrochen war, pflegte sie sich aufzumachen,
und erst mit dem Grauen des Tages kehrte sie mit ihrer
Beute heim.

Als sich die Hyäne einst zu diesem Zwecke entfernt
hatte, kroch der Schakal in die Höhle, in welcher die
Jungen der Hyäne sich aufhielten. Scheinbar arglos ließ

er sich mit den Kleinen in ein Gespräch ein und fragte sie nach ihren Namen. Ein Jedes nannte darauf seinen Namen; der Schakal aber sagte: „Und ich heiße 'Für-Euch-Alle'".

Als der Schakal die Hyäne kommen hörte, versteckte er sich; bald kam die Hyäne heim und gab ihren Jungen das mitgebrachte Fleisch. Nun pflegten die Kleinen, wenn ihre Mutter ihnen Fleisch brachte, zu fragen: „Für wen ist es bestimmt?" und die Hyäne gab alsdann zur Antwort: „Für Euch alle."

Bei Einbruch der Nacht entfernte sich die Hyäne wieder, ohne zu wissen, daß der Schakal in der Höhle sei. Kaum war sie fort, so kam der Schakal hervor und sprach zu den Kleinen: „Gebt mir das Fleisch, es ist für mich bestimmt. Habt Ihr nicht gehört, daß Eure Mutter meinen Namen genannt hat?" „Ach ja," erwiderten die Kleinen und gaben dem Schakal das Fleisch. Der verzehrte es ganz behaglich, während die Kleinen hungrig dabei saßen; dann versteckte er sich wieder.

So ging es nun alle Tage; so oft die Hyäne von ihren nächtlichen Streifzügen heimkehrte, gab sie den Kindern die mitgebrachten Knochen mit den Worten: „Nehmt! Das ist für Euch alle!" War die Hyäne dann wieder auf Beute ausgegangen, so ließ der Schakal sich das Fleisch geben und verschmauste es; die Kinder der Hyäne aber ließ er hungern.

So gingen mehrere Wochen hin, ohne daß die Hyäne eine Ahnung von den Streichen des Meisters Schakal hatte; der that sich inzwischen an der Beute gütlich, welche die Hyäne in ihrer Mutterliebe allnächtlich mühsam zusammenlas.

Da gebot sie eines Tages ihren Kindern, aus der Grube hervorzukommen. Als sie nun herauskamen, sah

die Hyäne, daß sie alle ganz hager und abgefallen waren;
Eins der Jungen war vollkommen abgemagert, und nicht
ein Einziges sah frisch und wohlgenährt aus.

Erstaunt und erschrocken fragte die Hyäne: „Was habt
Ihr nur mit all' dem Fleische angefangen, das ich Euch
immer zum Essen brachte?" Die Kleinen gaben zur Antwort: „Der Für-Euch-Alle hat Alles gegessen." „Wer ist
denn dieser Für-Euch-Alle?" fragte die Hyäne verwundert.
Die Kleinen entgegneten: „Das ist des Schakals Name."
„Und wo ist er?" rief die Hyäne zornig. „In der Grube,"
war der Kinder Antwort.

Als die Hyäne nun in die Grube hinabspähte und
den Schakal darinnen bemerkte, rief sie ihm zu: „Mach',
daß Du herauskommst, heut ist Deine Betrügerei zu Ende!"
„Ja wohl," entgegnete der Schakal, „ich komme schon." Dabei streckte er seine Ohren aus der Grube hervor und rief
der Hyäne zu: „Fasse eben meine Schuhe an, damit ich
hinauskommen kann." In der Meinung, seine Schuhe zu
fassen, packte die Hyäne, ohne hinzusehen, den Schakal bei
den Ohren und schnellte auf diese Weise den feisten Für-
Euch-Alle heraus.

So, während die Hyäne noch auf das Herauskommen
des Schakals lauerte, stand derselbe bereits hinter ihr und
rief ihr höhnend zu: „Hyäne, Hyäne, schau mich an, ich
gehe jetzt nach Hause!" So sprechend eilte er davon, die
Hyäne aber jagte ihm nach; er rief indessen lachend: „Eins,
zwei, drei! Eins, zwei, drei!" und lief so schnell fort,
daß die Hyäne ihn nicht einholen konnte.

Zähneknirschend kehrte sie um und setzte sich wuthentbrannt
in der Mitte ihrer armen, halbverhungerten Kinder nieder.

Hyänen-Fabeln.

3. Die Hungersnoth.

(Der Kornasche Originaltext dieser Fabel findet sich auf Seite 41–45 von
S. W. Kölle's „African Native Literature", London 1854.)

Einst war eine allgemeine Hungersnoth eingetreten;
Niemand konnte Nahrung auftreiben und traurig saßen die
Leute daheim und sannen auf Mittel und Wege, sich Speise
zu verschaffen. Von Hunger geplagt ging die Hyäne eines
Tages in den Wald hinein, in der Hoffnung, ein Wenig
Nahrung zu finden; da bemerkte sie eine große Anzahl
Affen, die in einem See badeten.

Sie wandte sich an dieselben und sprach: „Mein Fell
ist schmutzig, bitte erlaubt mir, mich in Eurer Gesellschaft
zu baden." Freundlich erwiderten die Affen: „Schwester
Hyäne, Gott hat diesen See für Dich und uns geschaffen,
komm nur und bade Dich!"

Die Hyäne nahm dies freundliche Anerbieten an, stieg
in den See hinab und badete sich in Gemeinschaft mit
den gutmüthigen Affen, die nicht daran dachten, die Hyäne
könne gekommen sein, um sie zu verschlingen. Leise und
behutsam ergriff die Hyäne plötzlich einen der badenden
Affen, drückte ihn mit Blitzesschnelle unter das Wasser
und verbarg ihn daselbst. Die andern Affen badeten ruhig
weiter, ohne das Geringste zu bemerken, und machten sich
hernach mit einander auf den Heimweg.

Kaum waren sie fort, so kehrte die Hyäne zurück, um
ihre Beute aus dem Wasser zu holen. Erst daheim ver-
mißten die Affen Einen aus ihrer Mitte. Ihr Häuptling
sprach darauf: „Wir sind alle bis auf Einen nach Hause
gekommen; wohin mag der nur gerathen sein?" Allen
seinen Unterthanen legte er diese Frage vor, es konnte
aber Niemand Antwort geben, und in schweigender Trauer
saß der greise Affenhäuptling da.

Am nächsten Morgen versammelten sich Alle wiederum
im Hause des Häuptlings und machten sich alsdann gemeinschaftlich auf, um wieder in jenem See zu baden.
Kaum waren sie dort, als sich auch die Hyäne zu ihnen
gesellte; die fragten sie alsbald: „Als wir gestern in
Deiner Gesellschaft gebadet hatten, Schwester Hyäne, ver-
mißten wir auf dem Heimwege Einen von uns. Sage,
hast Du ihn wohl eingefangen?"

Die Hyäne aber versetzte: „Habt Ihr vielleicht, als
wir gestern nach dem Bade aus dem Wasser kamen, um
uns auf den Rückweg zu begeben, gesehen, daß ich Einen
von Euch getödtet und fortgeschleppt habe? Wie? Oder
habt Ihr etwa Blut an mir wahrgenommen? Haltet Ihr
mich für einen Dieb?" Die Affen entgegneten indessen:
„Du! komm nicht wieder zu uns; wir wollen Dich nicht
mehr sehen! Läßt Du Dich je wieder unter uns blicken,
so wollen wir Dich tödten. Das merke Dir!"

Als die Hyäne das gehört, ging sie ärgerlich nach
Hause und legte sich schlafen. Am nächsten Morgen erhob
sie sich von ihrem Lager, verbarg einen Stein unter ihrem
Fell und schlich nach dem Badeplatze der Affen. In der
Nähe des Sees angelangt verbarg sie sich unter einem
Baum, so daß sie von ihrem Standpunkte aus alle Be-
wegungen der Affen beobachten konnte, ohne jedoch von
ihnen gesehen zu werden.

Als die Affen nun hier und da im Wasser verstreut
waren, ergriff die Hyäne den bereitgehaltenen Stein, zielte
nach Einem der Affen, und im Augenblick stürzte der Ge-
troffene in das Wasser. Erschreckt machten sich die andern
Affen alsbald auf die Flucht, die Hyäne aber holte sich
ihre Beute heraus und schleppte dieselbe nach ihrer Höhle.

Der Schakal aber, der Priester der Thiere, machte sich
auf und kam zur Hyäne. Traurig redete er dieselbe an:

„Schwester Hyäne! Ich komme flehend zu Dir; o, leiste
mir Hilfe!" „Was willst Du denn von mir?" entgegnete
die Hyäne. „Ach," versetzte der Priester Schakal, „alle
meine Frauen und Kinder sind hungrig; die Aermsten haben
Nichts zu essen, darum bitte ich Dich, rathe mir, wie ich
ihnen Nahrung verschaffe." Die Hyäne erwiderte auf die
Bitte des Schakals: „Geh jetzt nur nach Hause und leg'
Dich schlafen; wenn Du aber morgen früh wiederkommst,
dann will ich Dir zeigen, wo ich mir Nahrung verschaffe."

Der Schakal gehorchte und stellte sich am folgenden Morgen zeitig bei der Hyäne ein, die ihm gebot, ihr zu folgen.

Sie führte den Schakal zum See und verbarg sich mit
ihm unter einem nahen Baume; von dort aus zeigte die
Hyäne dem Schakal die badenden Affen und sprach dabei:
„Bruder Priester, sieh hier, was ich zu essen pflege. Da
Du sagst, Du seiest so hungrig, so spiele jetzt Deine Rolle;
während ich heimgehe, um Dich zu erwarten, bitte Du zu
Gott, daß er Dir beistehen möge; glückt es Dir alsdann,
etwas zu erjagen, so bringe die Beute zu mir, auf daß
wir sie theilen."

Darauf kehrte die Hyäne zurück, der Schakal aber
schlich sich bis zum Wasser hin, tauchte dann leise unter
— der Priester Schakal ist ja sehr wohl mit dem Wasser
vertraut — und schwamm unbemerkt und geräuschlos unter
dem Wasser bis ganz in die Nähe der Badenden; dann
hob er behutsam den Kopf hervor, ergriff den nächsten
Affen, drückte ihn an sich und zog ihn zu sich herab. Das
Wasser, welches dem Affen in die Nüstern drang, er-
stickte ihn alsbald, und so behutsam, wie er gekommen,
schwamm der Schakal mit seiner Beute an's Land und
brachte dieselbe, unbemerkt von den Affen, die ruhig fort-
badeten, zur Hyäne.

„Schwester Hyäne!" rief er ihr zu, „Du hast mir

einen großen Dienst erwiesen: ich litt Hunger, und Du
zeigtest mir, wie ich mir Nahrung verschaffen könnte; ich
befolgte Deinen Rath und mit Gottes Hilfe fand ich
Speise. Komm nun und theile die Beute zwischen mir
und Dir."

Die Hyäne schnitt ein Vorderbein ab und gab es dem
Schakal, dem Priester der Thiere, und der zog ruhig mit
seinem Antheile ab.

Am folgenden Morgen machte der Schakal sich allein
auf den Weg nach dem See, und als er die Affen lustig
im Wasser umherspielen sah, schwamm er in derselben
Weise heran wie am vorhergehenden Tage. Diesmal hatte
er es auf einen großen Affen abgesehen, der aber Zeter
Mordio schrie, als der Schakal ihn unter das Wasser zog.
Erschreckt stürzten alle andern Affen an's Land und eilten
in schleuniger Flucht davon.

Der Schakal lud sich den todten Affen auf und ging
davon. Unterwegs sprach der Schakal zu sich selbst: „Hm!
die Hyäne sitzt nun behaglich zu Hause; ich aber soll auf
die Jagd gehen, soll Thiere tödten und die Beute zu ihr
schleppen, damit sie mir dieselbe abnimmt und mich mit
einem ganz geringen Antheil abspeist? Nein, das will ich
nicht länger dulden!"

Kurz entschlossen eilte er seinem Hause zu und ließ
die Hyäne vergeblich auf seine Rückkunft warten. Endlich
ward dieselbe ungeduldig, zugleich stieg auch der Argwohn
in ihr auf: „Wie, wenn der Schakal mir seine Beute gar
nicht bringen wollte!" Sie verbarg sich in Folge dessen
auf dem Wege, der nach des Schakals Höhle führte. Bald
sah sie denselben auch mit seiner Bürde des Weges kommen.
Plötzlich sprang sie auf und rief: „Halt!"

Erschreckt blieb der Schakal stehen. „Bruder Schakal!"
rief die Hyäne nun, „möge Niemand von allen Lebendigen

je Einem Deines Stammes etwas Gutes erweisen, da Du
meine Güte mit solchem Undank lohnst. Wie? Ich zeige
Dir, wie und wo Du Nahrung für Deine hungernden
Jungen finden kannst, und Du willst mir keinen Antheil
an der Beute geben? Warte! Ich habe Dir erst· Gutes
erwiesen, zur Strafe für Deinen Undank aber soll jetzt
Deine Beute und Du selbst mir anheimfallen. Du sollst
nicht wieder von hier entkommen!" Mit diesen Worten
packte sie den Priester Schakal bei der Kehle; der aber riß
sich los, ließ den todten Affen der Hyäne und eilte davon.

Nun ist ja der Schakal der Priester über alle Thiere
im Walde und vieler Zauberkünste mächtig. Als er nach
Hause gekommen war, verwandelte er sich in einen alten
Mann; als solcher ging er zur Hyäne und sagte: „Hyäne,
kennst Du mich? Der Priester Schakal kam zu mir und
klagte, Du habest ihm den Weg versperrt und ihm seine
Beute, die Gott ihm im Walde bescheert, entrissen; dann
habest Du ihn noch dazu geschlagen. Sage, weißt Du
nicht, daß der Schakal der Priester über alle Thiere im
Walde ist? Gleich gib heraus, was Du ihm entrissen
hast, damit ich es ihm zurückerstatte. Willst Du das aber
nicht, so werde ich meine Söhne zusammenrufen, daß sie
Dich binden und Dich zu mir bringen; alsdann soll der
Priester Schakal mit Dir thun, was er will."

Die Hyäne, durch die Worte und den scharfen Blick
des Mannes erschreckt, holte zitternd den Rest der Beute
aus ihrer Grube hervor und übergab ihn dem Schakal.
Der nahm ihn und sprach drohend: „Für heute sei Dir
Deine Strafe geschenkt, aber hüte Dich, daß ich nicht wieder zu hören bekomme, Du habest Hand an eines Priesters
Eigenthum gelegt; sonst will ich Dich in eine Grube werfen,
aus der Du nimmer wieder hervorkommen sollst. Für heut
soll es Dir vergeben sein, aber laß mich ja nicht wieder

etwas Schlimmes von Dir hören!" Mit diesen Worten
entfernte sich der vermeintliche alte Mann mit dem Fleisch
und ließ die Hyäne in großer Angst und Bestürzung zurück.
Seit der Zeit weichen sich Hyäne und Schakal stets
aus, so oft sie einander im Walde begegnen.

4. Der Schakal als Knecht.

(Der Hauſſaſche Originaltext dieſer Fabel findet ſich auf Seite 172—175 von
J. F. Schön's „Grammar of the Hausa-Language," London 1862.)

Zu einem Prieſter, der viele Kühe, Schafe und Ziegen
beſaß, kam der Schakal und bot ihm an, in ſeine Dienſte
zu treten. Auf die Frage, welche Arbeit er denn thun
wolle, erbot er ſich, den Platz rein zu halten, wo des
Pfarrers Schafe und Ziegen ſtanden. Darauf nahm der
Pfarrer ihn in ſeine Dienſte; jeden Morgen hatte der
Schakal das Stroh zu entfernen, auf dem die Schafe die
Nacht hindurch gelegen hatten, und den Platz zu reinigen.
Als er bei Tagesgrauen ſich dabei machen wollte, den
Ziegenſtall zu reinigen, gab der Pfarrer ihm einen kleinen
Korb; der Schakal aber bat ſich einen großen dazu aus.
Alsbald ſchlachtete der Schakal heimlich ein Schaf,
legte es in den Korb, deckte etwas gebrauchtes Stroh
darüber und ging damit in den Wald; dort machte er
Feuer an, briet das getödtete Schaf und verzehrte es.
Dies wiederholte der Schelm alle Morgen; endlich fiel es
dem Prieſter auf, daß ſeine Schafe und Ziegen allmählich
immer weniger wurden, und er ſprach ſeine Verwunderung
darüber aus. Der Schakal ſchwieg und machte ſich etwas
bei den Schafen zu thun.

Am folgenden Morgen tödtete der Schakal einen großen
Ziegenbock und legte ihn in seinen Korb, dann deckte er
wie gewöhnlich Stroh aus dem Viehstall darüber. Als
er sich indessen den Korb aufladen wollte, drückte das
Gewicht desselben ihn zu Boden; das bemerkte des Priesters
Tochter, die eben des Weges kam, und fragte: „Ist die
Last zu schwer für Dich?“ „Ja,“ sagte der Schakal, „bitte,
hilf mir sie auf.“ „Aber warum nimmst Du auch eine
so schwere Last?“ rief des Priesters Tochter; „wirf doch
ein Wenig davon hinunter!“ „O nein,“ entgegnete der
Schakal, „das darf ich bei Leibe nicht thun.“ „Warum
denn nicht?“ lachte sie und stieß schnell mit dem Fuß ein
Wenig von dem schmutzigen Stroh herab; als sie indessen
den geschlachteten Bock darunter liegen sah, erhob sie ein
Geschrei, so daß alle Bewohner des Ortes zusammenliefen.
Zornig rief der Priester: „Fangt mir diesen bösen Knecht
ein und züchtigt ihn derb!“

Bald war Meister Schakal eingefangen und ungeachtet
seines Sträubens an einen Baum gebunden; darauf geißelten
die andern Knechte ihn unbarmherzig vom Morgen bis
zum Abend. Dann erst verließen sie ihn, ohne indessen
seine Bande zu lösen, mit der tröstlichen Versicherung, sie
würden mit Tagesanbruch wieder erscheinen, um ihn weiter
zu geißeln.

Als die Nacht vollends hereingebrochen war, kam eine
Hyäne des Weges und fragte den jämmerlich zerschundenen
Schakal, weshalb man ihn denn festgebunden habe. „O,
eines unbedeutenden kleinen Versehens halber, das ich mir
habe zu Schulden kommen lassen,“ war die Antwort. „Soll
ich Dich losbinden?“ fragte die Hyäne. „O bitte, ja!“
rief der Schakal. „Aber,“ forschte die Hyäne weiter,
„wenn Dir Jemand Gutes erweist, vergiltst Du ihm auch
wohl mit Bösem?“ „O sicherlich nicht!“ betheuerte der

Schakal; „wenn Du Dich an meiner Stelle hier festbinden lässest, so werden Dir die Leute morgen früh soviel Fleisch bringen, als Du magst." Daraufhin band die Hyäne den Schakal los und ließ sich, in der Erwartung am nächsten Morgen eine gute Fütterung zu erhalten, gutwillig festbinden; der Schakal aber eilte lachend davon.

Als die Knechte des Priesters am folgenden Morgen zurückkehrten und an des Schakals Stelle die Hyäne fanden, fielen sie mit ihren Knitteln über dieselbe her und prügelten sie, bis sich die Hyäne in wüthendem Schmerze losriß und in den Wald eilte, um sich an dem Schakal zu rächen.

Kaum sah dieser indeß die Hyäne auf sich loskommen, als er in eiliger Flucht nach seiner Höhle lief. Er kam auch glücklich dort an, ohne daß die Hyäne ihn einholen konnte. Wüthend und enttäuscht mußte die Hyäne umkehren.

So betrog der Schakal erst den Priester und dann die Hyäne. Das ist das Ende.

- - -

5. Bestrafter Undank.

(Der Woloffische Originaltext dieser Fabel findet sich auf Seite 397—399 von Boilat's „Grammaire de la langue Woloffe," Paris 1858.)

Die Hyäne war einst auf einem ihrer nächtlichen Streifzüge in eine Grube gefallen; vergebens versuchte sie sich wieder hinauszuarbeiten, und als der Tag anbrach, hörte man schon von Weitem ihr jämmerliches Klagegeheul.

Ein Ochse, der des Weges kam, blieb stehen, schaute hinab und erkannte sofort die Gefangene. Gern hätte der mitleidige Ochse ihr herausgeholfen, aber die Furcht, die

Hyäne möchte ihn vielleicht zum Dank verschlingen, hielt ihn zurück. Dies entgegnete er auch der Hyäne, als dieselbe ihn dringend bat, ihr doch hilfreiche Hand zu leisten; die Hyäne aber schwur hoch und theuer, sie werde ihrem Wohlthäter sicherlich Nichts zu Leide thun.

Der gutmüthige Ochse ließ sich denn auch richtig erweichen und hielt der Hyäne seinen langen Schwanz hin; die klammerte sich mit aller Gewalt daran fest, und der Ochse zog sie so heraus. Kaum aber sah die Hyäne sich außer Gefahr, so warf sie sich über ihren Retter her, um ihn zu tödten.

Glücklicherweise kam gerade ein Elephant des Weges. Der vernahm, wie der Ochse mit lauter Stimme der Hyäne ihren Undank und Verrath vorwarf; rasch trat er näher, um Ruhe herzustellen. „Laßt uns," so sprach er, „den Grund Eures Streites hören, damit ich denselben schlichten kann."

Nachdem der Elephant Beide angehört, sprach er: „Der Fall ist sehr schwierig, ich kann kein Urtheil fällen, wenn Ihr nicht beide dahin zurückkehrt, wo Ihr gewesen seid. Spring nur wieder in die Grube hinab, Hyäne!"

Die Hyäne gehorchte dem Befehl des Elephanten; der Ochse zog sie aber nicht zum zweiten Male heraus, sondern eilte froh, so davon gekommen zu sein, seiner Wege. Die Hyäne dagegen mußte in jener Grube elendiglich verschmachten.

6. Wider den Tod ist noch kein Kraut gewachsen.

(Der Woloffische Originaltext dieser Fabel findet sich auf Seite 393—396 von
Boilat's „Grammaire de la langue Woloffe", Paris 1858.)

Die Hyäne, von wüthendem Hunger geplagt, fraß einst
gierig an einem Ochsen, der schon längere Zeit todt auf
der Landstraße gelegen hatte. In dieser Beschäftigung
störte sie der Tod, der ihr plötzlich mit hohler Stimme
zurief: „Wer gab Dir das Recht, zu berühren, was mir
gehört?" Auf's Aeußerste erschreckt bat die Hyäne unter
bittern Thränen den Tod um Verzeihung. „Wohl," sprach
der Tod, „ich will Dir verzeihen; noch zwei Jahre magst
Du hienieden an Dem zehren, das mir verfallen ist; aber
nach der Zeit sollst Du auch in mein Reich kommen."

Die Hyäne versprach, sich zu fügen. „Zwei Jahre,"
dachte sie, „sind eine lange Zeit; vielleicht kann ich inzwischen in irgend ein fernes Land fliehen, wo der Tod
mich schon nicht finden soll."

Das zweite Jahr ging zu Ende, die Hyäne schlief ahnungslos in ihrer Höhle, als plötzlich der Tod erschien, sie weckte
und ihr den schrecklichen Befehl zudonnerte: „Erhebe Dich,
Unglückliche! Nimm, was Dir gehört, und folge mir sofort."

Zitternd und bebend erhob sich die Hyäne von ihrem
Lager und bat flehentlich, der Tod möge ihr wenigstens
erlauben, ihre Kinder noch einmal zu umarmen. „Es sei
Dir gewährt," rief der Tod.

Die Hyäne wandte sich um, als wolle sie noch einmal
in die Höhle hinein, lief aber im nämlichen Augenblick
davon, so schnell ihre Füße sie tragen wollten.

Der Tod aber verwandelte sich, rasch entschlossen, in
eine Mücke, welche die flüchtige Hyäne überallhin mit ihrem
Stachel verfolgte. Endlich stürzte die Hyäne, von Er-
mattung überwältigt, todt zu Boden.

II. Wiesel-Fabeln.

~~~~~~~~

7. Wie ist der Verstand in die Welt gekommen?

(Der Bornusche Originaltext dieser Fabel findet sich auf Seite 56—58 von
S. W. Kölle's „African Native Literature etc.“, London 1854.)

Im Anfang war kein einziges von allen Thieren im
Walde mit Verstand begabt. Wenn der Jäger auf sie
losging, um sie zu tödten, blieben sie ruhig stehen und
starrten ihn an; so tödtete sie der Jäger Tag für Tag.
Da sandte Gott Jemand in die Welt, der einen ganzen
Sack voll Verstand, fest zugeschnürt, unter einen großen
Baum mitten im Walde legen sollte.

Das Wiesel bemerkte, wie der Bote den Sack unter
einen Baum legte; schnell rief es den Hasen herbei und
sagte zu ihm: „Bruder Hase, siehst Du den Sack dort
unter jenem Baume? Ein fremder Mann hat ihn dorthin
gebracht, für mich ist er zu schwer, versuche, ob Du ihn
forttragen kannst.“ Aber der Hase mußte den Versuch
aufgeben; der Sack voll Verstand war zu schwer für ihn.
Aergerlich ging er davon.

Das Wiesel wiederholte nun allein den Versuch, aber
gleichfalls vergebens; da rief ihm plötzlich eine Taube vom
Gipfel des Baumes zu: „Lehne den Sack gegen den Baumstamm, dann bücke Dich und lade ihn Dir so auf.“ Das
Wiesel gehorchte, lud sich den Sack auf diese Weise auf

7

und brachte ihn glücklich nach seiner Höhle; dort setzte es
ihn nieder, öffnete ihn und siehe da! es war reiner Verstand darin.

Nun lief das Wiesel eilends davon, den Hasen auf-
zusuchen; schon von Weitem rief es ihm zu: „Bruder
Hase, denke Dir nur, jener Sack enthält reinen Verstand.
Gott hat sich in Liebe zu uns gewandt und uns Verstand
geschenkt; sprich aber ja zu Niemandem davon. Ich will
Dir ein Wenig davon abgeben und das Andere in meiner
Höhle verbergen. Wer dann kommt, um sich ein Wenig
von mir zu erbitten, dem werde ich davon geben.

Damit griff das Wiesel in den Sack und gab dem
Hasen seinen Antheil, wobei es fortfuhr: „Nimm dies mit
Dir, es wird Dir zur Rettung dienen: schläfst Du bei
Tage, so halte Deine Augen offen, damit, wer Dich sieht,
glaubt, Du wachest, und von dannen gehe, ohne Dir ein
Leid anzuthun. Legst Du Dich aber nieder, ohne zu
schlafen, so schließe Deine Augen, auf daß Du den Jäger
täuschest, der Dich sieht, sobald er dann auf Dich zukommt,
um Dich zu greifen, entfliehst Du in den Wald. Dies
wird genug Verstand für Dich sein, den Rest will ich daheim aufbewahren.“

Der Hase ging vergnügt mit dem geschenkten Verstande
nach Hause und schläft seit jenem Tage mit offenen Augen,
im Wachen aber schließt er dieselben. So entkommt er
den Jägern.

Das Wiesel aber verbarg sich den andern Verstand in
in der Höhle; es gab den andern Thieren aber allmählich
auch ein Wenig; daher stammt der Verstand, den diese noch
jetzt haben. Für sich aber behielt es den meisten. Triffst
Du nun im Wald ein Wiesel und denkst bei Dir: „Halt,
das will ich mir doch fangen!“ und treibst es vor Dir
her, so läuft es in seine Höhle hinab, und ehe Du Dich

noch daran gemacht haft, die Höhle aufzugraben, ift es bereits hinter Deinem Rücken hervorgekommen und ift längft
über alle Berge, wenn Du erft bemerkft, daß feine Höhle
leer ift.

Darum heißt das Wiefel aber auch der „Verftandes-
könig."

---

8. Der Freundfchaftsbund des Wiefels und der Hyäne.

(Der Bornufche Originaltext diefer Fabel findet fich auf Seite 45 und 46 von
S. W. Kölle's „African Native Literature etc." London 1854.)

Einft trug das Wiefel der Hyäne feine Freundfchaft
an, und diefe war thöricht genug, diefelbe anzunehmen.
Nun hatte die Hyäne eines Tages ein Thier erjagt, kam
mit ihrer Beute zum Wiefel und trug ihm auf, Feuer zu
beforgen, um das Fleifch zu röften. Das Wiefel kam aber
bald zurück und meinte, es habe kein Feuer finden können.

Eben ging die Sonne im Weften unter; die Hyäne,
die den leuchtenden Sonnenball für Feuer hielt, gebot dem
Wiefel das Fleifch zuzurüften, während fie Feuer holen
wolle. Damit ging fie auf die untergehende Sonne zu,
das Wiefel aber verbarg fchnell das Fleifch in feiner Höhle.

Die Hyäne fah zu ihrem Erftaunen das Feuer ver-
fchwinden, indem nämlich die Sonne unterging. Verwundert kehrte fie um und fprach zum Wiefel: „Ich bin zwar
auf die Stelle zugegangen, wo ich das Feuer bemerkt, als
ich aber kam, verfchwand es plötzlich. Aber fage, was ift
denn aus unferm Fleifch geworden? Ich fehe es ja nicht
mehr." „Ach," entgegnete das Wiefel, „während ich auf
Dich wartete und das Fleifch zurüftete, kamen zwei Männer

7 *

dort aus dem Walde und warfen es in jene Höhle; warte, laß mich in die Höhle gehen und laß Du Deinen Schwanz hineinhängen, dann will ich es an Deinen Schwanz binden, und Du magst es hinausziehen."

Somit sprang das Wiesel in seine Höhle, band aber nicht das Fleisch, sondern einen derben Knittel an den Schwanz der Hyäne, den diese in die Höhle hinabhängen ließ; dann packte es den Knittel fest an und rief: „Zieh!" Die Hyäne zog, vermochte aber nicht, dem Wiesel den Knittel zu entwinden; ärgerlich zog sie noch einmal mit aller Kraft, da riß ihr Schwanz aus und blieb an dem Knittel hängen.

Das Wiesel verbarg sich hurtig mit dem Fleische im Grunde der Höhle, die Hyäne aber, die weder das Wiesel, noch ihr Fleisch in der dunkeln Grube sah, lief zornig und ohne Schwanz in den Wald.

Sie war noch nicht lange im Walde umhergelaufen, als sie zwei Männer daherkommen sah. „Aha!" dachte die Hyäne, „da gibt es Fleisch für mich;" damit eilte sie auf die Männer zu. Auch die Männer riefen: „Da gibt es ja Fleisch," und gingen ihr entgegen. Als aber die Hyäne einen der Männer anpackte, schlug dieser ganz ruhig Feuer,*) der andere aber ging auf die Hyäne zu, riß ihr ein Ohr ab und röstete es über dem Feuer; dann aß er es. Als das die Hyäne sah, lief sie erschreckt davon.

So hatte sie durch das schlaue Wiesel erst ihren Schwanz, dann ein Ohr eingebüßt. Seit jenem Tage war die Freundschaft zwischen der Hyäne und dem Wiesel zu Ende.

---

*) Die Kanuris oder Bornus machen sich Feuer, indem sie ein hartes Stück Holz mit einem der mürben, ausgetrockneten Zweige des Kafi-Baumes zusammenreiben.

9. Die Elephantenhaut.

(Der Bornusche Originaltext dieser Fabel findet sich auf Seite 38—41 von
S. W. Kölle's „African Native Literature", London 1854.)

Als die Frau eines Wiesels ihrem Gatten ein Kindchen geboren hatte, rief sie ihm zu: „Schaff mir nun
Kleider, sowie ich sie liebe." „Was für Kleidungsstücke
meinst Du denn?" fragte das Wiesel. „Schaffe mir eine
Elephantenhaut!" versetzte sein Weibchen.

Da machte das Wiesel, das schlaueste unter allen
Thieren im Walde, sich auf, ging zum Mistwurm, zum
Huhn, zur Katze, zum Hunde, zur Hyäne, zum Leoparden,
zum Löwen und zum Elephanten, zu denen Allen ging sie
und sagte: „Mein Feld ist mit Gras überwuchert, ich
bitte Euch, kommt morgen, auf daß wir es reinigen."*)
Alle sagten ihre Hilfe bereitwillig zu.

Am folgenden Morgen erschien zuerst der Mistwurm
mit Hacke und Speer**) auf dem Felde des Wiesels;
dort angekommen steckte er seinen Speer neben sich in die
Erde und begann, mit der Hacke das Feld zu bearbeiten.

Bald kam auch das Huhn und fragte das Wiesel, wer
vor ihm gekommen sei. Das Wiesel zeigte ihm den arbeitenden Mistwurm, das Huhn aber stürzte sich auf ihn zu
und verschlang ihn; dann machte es sich an die Arbeit.

Es hatte noch nicht lange gearbeitet, als die Katze

---

*) Dies bezieht sich auf die Gewohnheit der Negervölker,
sich bei der Bestellung ihrer Felder gegenseitig zu helfen. Bei
solchen Gelegenheiten finden sich in der Regel viele Arbeiter ein,
und der gegenseitige Wetteifer ermöglicht es, in einem Tage oft
ein gut Theil Arbeit zu bewältigen. (Kölle.)

**) Der Speer gehört zwar nicht zu den beim Ackerbau
verwandten Geräthschaften, aber der Zustand der Unsicherheit
geht soweit, daß sie in vielen Gegenden auch an die Feldarbeit
stets bewaffnet gehen. (Kölle.)

herbeikam und das Wiesel fragte: „Wer ist vor mir gekommen?" „Der Mistwurm," erwiderte das Wiesel, „aber
den hat das Huhn, welches dort arbeitet, aufgefressen."
Kaum erblickte die Katze das Huhn, so fiel sie über dasselbe her und fraß es auf; dann machte sie sich an die
Arbeit.

Nun kam der Hund; als dieser vernahm, das Huhn
habe den Mistwurm, die Katze aber habe das Huhn gefressen, so packte er dieselbe und verzehrte sie; alsdann
begann er zu arbeiten.

Nach ihm kam die Hyäne; unterrichtet, wie das Huhn
den Mistwurm, die Katze das Huhn, der Hund aber die
Katze gefressen habe, stürzte sie sich auf den Hund und
fraß ihn; dann ergriff sie ihre Hacke und machte sich an
die Arbeit.

Nach ihr kam der Leopard; er hörte vom Wiesel, was
vorgefallen sei, stürzte sich auf die arbeitende Hyäne los,
tödtete und verzehrte sie; dann machte er sich an die Arbeit.

Bald darauf kam der Löwe, fragte das Wiesel über
Alles aus und machte sich dann über den Leoparden her,
den er auch nach kurzem Kampfe überwältigte und tödtete.
Darnach begann er zu arbeiten.

Endlich kam auch der Elephant mit seiner Hacke an.
„Bruder Wiesel," sagte er, „wer ist vor mir gekommen?"
„Der Mistwurm," versetzte das Wiesel, „aber den hat das
Huhn gefressen." „Wo ist denn das Huhn?" „Die Katze
hat es gefressen". „Wo ist die Katze?" „Der Hund fraß
sie." „Und der Hund?" „Den hat die Hyäne gefressen."
„Und wo ist die Hyäne?" „Die fraß der Leopard." „Und
wo ist der Leopard denn?" „Den fraß der Löwe." „Und
der Löwe?" fragte der Elephant weiter. „Der arbeitet
dort auf dem Felde," versetzte das Wiesel.

Da eilte der Elephant auf den arbeitenden Löwen zu,

um ihn anzugreifen. Nun hatte das schlaue Wiesel aber
eine Fallgrube gemacht, mitten darinnen einen spitzen Pfahl
angebracht, eine Matte darüber gebreitet und das Ganze
mit Erde zugeschüttet. Während der Elephant und der
Löwe nun rangen, fiel der Erstere in jene Grube; der
Löwe aber enteilte in den Wald.

Nun stieg das Wiesel in die Fallgrube hinab, zog dem
Elephanten das Fell ab und brachte es seiner Frau mit
den Worten: „Sieh, hier bring' ich Dir mit Gottes Hilfe,
was Deine Seele begehrt!"

III. Spinnen-Fabeln.

10. Der Däumling.

(Der Temnesche Originaltext dieser Fabel findet sich auf Seite 44—56 von C. F. Schlenker's „Collection of Temne Traditions etc.", London 1861.)

Ein König hatte viele Kühe, unter denen eine besonders große war. Die gefiel der Spinne außerordentlich, so ging sie zum Herrn Taba und fragte ihn, ob er ihr behilflich sein wolle, des Königs große Kuh zu tödten; dann wollten sie dieselbe gemeinschaftlich verzehren.

Schreckte Herr Taba auch Anfangs vor diesem Unternehmen zurück, doch ließ er sich von der Spinne bereden, ihr auf die königliche Weide zu folgen. Dort trafen sie den Ameisenfresser, wie er eben ein Loch in die Erde wühlte. Zu dem sagte die Spinne: „Was gräbst Du hier? Du wirst in eine schöne Geschichte kommen, wenn eine von des Königs Kühen hier hineinfällt."

Erschreckt lief der Ameisenfresser davon, holte Erde herbei und füllte das Loch wieder zu. Als der Ameisenfresser darauf schlafen wollte, begleiteten die beiden Andern ihn unter freundlichen Reden zu seiner Lagerstätte, um zu erfahren, wo dieselbe sei.

Darauf holte die Spinne die Kuh des großen Königs herbei, öffnete das Loch, das der Ameisenfresser gegraben und ließ die Kuh hineinstürzen; dann ging sie davon.

Als später des Königs Knechte kamen, um nach dem Vieh zu sehen, fanden sie, daß eine Kuh mit dem Kopfe aus der Grube hervorschaute. Als der König diese Nachricht erhielt, ging er selbst mit seinem Gefolge dorthin; als man aber die Kuh herauszog, war sie bereits todt. „Wie ist das zugegangen?" rief der König erstaunt. „Rufe nur den Ameisenfresser herbei, der hier ganz in der Nähe schläft; der wird es schon wissen!" so rief die Spinne dem Könige zu. Der König rief den Ameisenfresser herbei und sagte: „Du hast mir meine Kuh getödtet." Als der Ameisenfresser dieß bestritt, fragte der König: „Sprich, hast Du dieses Loch gegraben oder nicht?" „Das habe ich allerdings gethan," versetzte der Ameisenfresser, „aber die Kuh habe ich nicht getödtet."

Während die Beiden so sprachen, flüsterte die Spinne dem Herrn Taba zu: „Gib Acht, wir wollen den Ameisenfresser schon verspeisen." Dann ging sie zu des Königs Minister und sagte: „Verhafte doch den Ameisenfresser, er hat die Kuh getödtet." Da packte des Königs Minister den Ameisenfresser und sagte: „Du streitest vergebens wider den König. Ich verhafte Dich hiermit. Laß ihn tödten, o König, denn er hat Deine Kuh getödtet." „Ja," rief die Spinne, die nach seinem Fleische lüstern war, „laß ihn tödten."

Da ließ der König den Ameisenfresser tödten; als er aber Befehl gab, seine Leiche in der Stadt zu begraben, rieth ihm die Spinne, ihn lieber im Grasfelde zu beerdigen. So ward denn der Ameisenfresser in der Grube beerdigt, in welcher des Königs Kuh verunglückt war. Der König ließ alsdann die Kuh in die Stadt bringen, um ihr Fleisch zu vertheilen; der Spinne aber gab er ein ganzes Bein, weil sie ihm Nachricht gegeben, wer die Kuh getödtet habe.

In der Nacht aber holten die Spinne und Herr Taba die Leiche des Ameisenfressers aus seinem Grabe und trugen dieselbe hinter das Haus. Erfreut sagte Herr Taba: „Ich sehe schon, Spinne, Du kannst Etwas durch= setzen."

Von dem Fleisch des todten Ameisenfressers zehrten die Spinne und Herr Taba bis zum nächsten Mondwechsel. Als sie das letzte Stück aßen, rief Herr Taba traurig: „Ach, nun ist die schöne Zeit des Fleischessens vorüber." „Warte nur," entgegnete die Spinne, „morgen gibt es wieder Fleisch für uns."

In der nächsten Nacht, als Alles schlief, rief die Spinne Herrn Taba, und Beide gingen an den Ort, wo des Königs Kühe angebunden waren. Die Spinne bestrich eine der schönsten Kühe unter der Nase mit ein wenig Arznei, die sie mitgebracht hatte; da schnappte die Kuh Beide auf. „Das Herz müssen wir unversehrt lassen," sagte die Spinne, als sie drinnen in der Kuh waren. Dann zog sie ein Messer hervor und schnitt der Kuh ein gut Theil Fleisch aus. Das Fleisch legte sie alsdann in einen Korb, den Herr Taba ihr hinhielt. Als die Kuh nun einmal das Maul zum Gähnen öffnete, schlüpften Beide hinaus.

Nachdem sie an dem mitgebrachten Fleisch vier Tage gezehrt hatten, krochen sie eines Nachts auf dieselbe Weise wieder in die Kuh hinein. Herr Taba schnitt mit seinem Messer der Kuh eine Niere aus, die Spinne aber rief ihm zu: „Schneide an der Brust, Herr Taba." Aus Versehen schnitt Herr Taba jedoch die Herzsehnen durch, da stürzte die Kuh sofort todt nieder. Die Spinne ver= barg sich schnell unter der Leber, Herr Taba aber kroch in seiner Angst in den Magen.

Am folgenden Morgen fanden des Königs Knechte die Kuh todt; man schnitt ihr den Bauch auf, dann trennten die Leute mit Hackbeilen das Fleisch von den Rippen. Da rief die Spinne von innen heraus: „Trefft mich nur nicht, trefft mich nur nicht!" Da liefen Alle erschreckt davon und eilten zum Könige, um ihm zu melden, die todte Kuh spräche.

Der König ging selbst zur Stelle und gebot den Leuten, von Neuem zu hacken. Endlich fand man die Spinne, und der König befahl seinen Leuten, sie zu geißeln. So band man die Spinne denn an einen Baum, kaum aber hatte sie den ersten Schlag erhalten, so rief sie laut: „Herr Taba und ich, wir sind zusammen gewesen!" „Wo ist Herr Taba denn?" fragte man. Da die Spinne aber keine Antwort darauf geben konnte, so sagte der König: „Du lügst, Spinne; Du hast meine Kuh getödtet!"

Taba hielt sich inzwischen im Magen der Kuh verborgen. Nun wurden die Kinder zum Bache geschickt, um das Geschlinge auszuwaschen; als sie dort den Inhalt desselben in den Bach schütteten, sprang Herr Taba vorsichtig heraus, kam an der andern Seite des Baches erst wieder zum Vorschein und klagte laut: „Warum geht Ihr so mit mir um?" „Ach, Herr," versetzten die Kinder, „wir haben es ja nicht gewußt."

Als der König Herrn Taba's Stimme vernahm, eilte er hinzu und fragte, was es gäbe. „Ach," klagte er, „die Kinder haben mich mit Schmutz beworfen, während ich mich badete." Da holte der König selbst ein Hemde und ein Paar Hosen herbei und sprach zu Herrn Taba: „Reinige Dich, mein Freund, und kleide Dich an." Herr Taba gehorchte und ging alsdann mit dem König zur Stadt.

Trotz der wiederholten Betheuerung der Spinne, Taba sei mit ihr in der Kuh gewesen, versicherte dieser, es sei nicht wahr. Herrn Taba's Weib wurde nun befragt; die

sagte aus, Herr Taba habe die Nacht nicht im Hause ge-
schlafen, sondern sei schon am Tage vorher, als die Sonne
noch hoch am Himmel stand, ausgegangen. Herr Taba
aber sagte, wenn die Spinne die Wahrheit sagte, würde
man ihn ja auch im Bauche der Kuh gefunden haben.
„Ja," sprach der König, „die Spinne lügt; sie allein hat
die Kuh getödtet. Peitscht sie!"

Da banden sie die Spinne an eine junge Palme und
schlugen sie mit Palmzweigen, bis der König endlich sagte:
„Nun laßt sie laufen!" Die Spinne war lange Zeit krank;
als sie wieder genas, merkte sie, daß ihr in Folge der
erlittenen Hiebe viele Beine gewachsen waren, und beschämt
lief sie in den Busch.

---

11. Wie die Buschziege das Fürchten lernt.

(Der Temnesche Originaltext dieser Fabel findet sich auf Seite 73—87 von
C. F. Schlenker's „Collection of Temne Traditions etc.", London 1861.)

Einst wollte die Spinne etwas aus dem Schlosse des
Königs stehlen, wurde aber gefaßt und sollte eben zum
Tode geführt werden, als der König ihr das Leben schenkte
und sie in Freiheit setzen ließ. Sie eilte heim, unterwegs
aber begegnete ihr die Buschziege*) und rief ihr zu:
„Was ist Dir denn widerfahren, Spinne?" „Ach, ich
bin halbtodt vor Schrecken," entgegnete jene. „Halbtodt?"
lachte die Buschziege; „wie kann man denn halbtodt sein?"

---

*) Die Buschziege (Temne „bō") ist eine Antilopenart etwa
von der Größe einer Ziege, schwarz, mit langen nach hinten gebogenen Hörnern, zwischen denen lange, rothe Haare wachsen.
(Schlenker.)

„Ich will es Dir morgen einmal zeigen," entgegnete die Spinne.

Am folgenden Morgen ging die Spinne mit der Ziege auf's Grasfeld; die Spinne hatte vorher ihre Kinder, mit Messern versehen, in eine Fallgrube auf dem Felde gesetzt. Eins von des Königs Schafen war in jene Grube gerathen und ragte eben noch mit dem Kopfe hervor; unten hielten es die Kinder der Spinne fest. Die Kinder hatten aber folgenden Namen: das älteste hieß *Gbánne-Yona*: das zweite *Nant-e-Fukan* und das jüngste *Gbápne Nantro-Kos*.

Zu jener Grube führte nun die Spinne die Buschziege. „Sieh nur," rief sie, als sie dort angelangt waren, „sieh nur, liebe Buschziege, da ist eins von des Königs Schafen in eine Grube gefallen! Warte, ich will einen Stock schneiden, um es herauszuholen."

Damit ging die Spinne davon, die Buschziege aber packte den Kopf des Schafes an und versuchte, es herauszuholen; inzwischen schnitten die jungen Spinnen heimlich dem Schaf die Kehle durch, so daß die Buschziege plötzlich den blutigen Kopf des Schafes in der Hand hielt.

Die jungen Spinnen hatten unterdessen bereits heimlich die Grube verlassen und waren zur Stadt geeilt, um dem König anzuzeigen, die Buschziege habe einem seiner Schafe den Kopf abgerissen. Als der König herbeieilte und die Buschziege mit dem blutigen Haupte des Schafes dort stehen sah, rief er: „Was hat das zu bedeuten?" „Herr," rief die Spinne, „die Buschziege hat dem Schaf den Kopf abgerissen." Dann flüsterte sie derselben heimlich zu, wenn man sie verfolge, so solle sie sich nur in die Höhle des Ameisenfressers flüchten. Als der König nun Befehl gab, man solle die Buschziege ergreifen und tödten, da lief dieselbe davon und versteckte sich in der Höhle des Ameisen-

freſſers, ſo daß ſie Keiner ſehen konnte. Die Spinne
flüſterte ihr von oben zu: „Liebe Buſchziege, biſt Du da?"
„Ja," rief die Buſchziege leiſe hinauf. Da warf ihr die
Spinne Salz hinunter und rief ihr zu: „Will Dich Jemand
fangen, ſo blaſe ihm nur tüchtig Salz in die Augen."
Dann rief ſie laut: „Seht, dort unten iſt ſie!" Leiſe rief
ſie noch hinab, wenn die Buſchziege ihren Verfolgern Salz
in die Augen geblaſen habe, ſo ſolle ſie ſich nur nach
ihrem (der Spinne) Garten begeben.

Inzwiſchen waren Alle bei der Höhle angekommen, aber
Keiner von Allen verſtand ſich aufs Graben, ſo daß ſie
die Buſchziege nicht aus der Grube herausſchaffen konnte.
Der König fragte die Spinne um Rath, und dieſe ſchlug
vor, den Ameiſenfreſſer herbeiholen zu laſſen.

Der Ameiſenfreſſer erſchien und erhielt vom König
den Auftrag, die Höhle durch Graben zu zerſtören, um
die Buſchziege hervorzuſchaffen. Der Ameiſenfreſſer grub,
bis er in die Nähe der Buſchziege kam, da blies ihm jene
Salz in's Geſicht. „Ach," klagte der Ameiſenfreſſer, „mir
kommt ſoviel Sand in die Augen!" Da ſandte der König
einen ſeiner jungen Leute, um dem Ameiſenfreſſer den Sand
aus den Augen herauszublaſen.

Inzwiſchen holten die jungen Spinnen heimlich und
unbemerkt das todte Schaf aus der Höhle und ſchleppten
es nach ihres Vaters Hauſe. Der junge Mann, der dem
Ameiſenfreſſer den Sand aus den Augen herausblaſen
ſollte, rief auf einmal: „Wie ſüß ſchmeckt doch, was aus
des Ameiſenfreſſers Auge kommt!" Die Spinne aber rief:
„Wer weiß, ob nur das ſüß iſt, was aus ſeinem Auge
kommt." „Wie meinſt Du das?" fragte der König. „„Nun,
wenn ſchon das ſüß iſt, was aus ſeinem Munde kommt,
wie viel ſüßer wird er nicht ſelbſt ſein.""

Da rief der König: „Komm, Ameiſenfreſſer, und laß

mich Deine Süße versuchen!" Da der Ameisenfresser aber nicht gehorchte, so stieg der König zu ihm hinab und blies ihm in die Augen. „O, wie süß bist Du!" rief der König entzückt. Der Ameisenfresser wollte sich entfernen, der König aber sagte: „Laß mich noch einmal Deine Süße schmecken, Ameisenfresser!" Da floh jener davon, des Königs Leute aber griffen ihn auf dem Grasfelde und brachten ihn vor den König. „Tödte ihn doch," sprach die Spinne, „dann kannst Du prüfen, wie süß er ist." Da ließ der König den Ameisenfresser tödten.

Als man denselben hernach aufschnitt, sagte die Spinne: „Ich will mir einen Korb holen." Sie ging aber und flüsterte der Buschziege zu: „Eile in meinen Garten." Als die Spinne wiederkam, vertheilte der König bereits das Fleisch des Ameisenfressers; die Spinne erhielt zum Lohn für ihre Rathschläge ein Bein, einen der Schenkel und den Schwanz. Darnach sagte der König: „Nun laßt uns die Buschziege hervorholen." „Ja wohl," sagte die Spinne.

Als der König an die Grube kam, machte er voller Erstaunen die Spinne auf die dort befindlichen Fußspuren aufmerksam. „Das ist eine schöne Geschichte," meinte die Spinne, „da ist uns die Buschziege entkommen."

Der König kehrte darauf unverrichteter Sache zur Stadt zurück; die Spinne aber holte die Buschziege aus ihrem Garten und ließ sie sich hinten im Gehölz verbergen." „Nun," fragte die Spinne, „wie ist es Dir denn eigentlich ergangen?" „Ach," entgegnete die Buschziege, „ich war halbtodt vor Schrecken dort in der Grube." „Aha!" meinte die Spinne; „weißt Du nun, wie Halbtodtsein ist? Aber warte nur, Du sollst es schon noch besser kennen lernen."

Damit ging sie davon. Im Walde traf sie die Jungen des Leoparden. Schnell kehrte sie um und sprach zur

Buschziege: „Mein Kopf schmerzt mich, komm mit mir, ich will mir Arznei suchen." Unter diesem Vorwande führte sie die Buschziege fort; im Walde wies sie auf den Baum, unter dem die jungen Leoparden lagen, und sagte: „Geh, schabe mir mit Deinen Zähnen Rinde von jenem Baume ab."

Die Buschziege ging auf den Baum zu, als sie aber die jungen Leoparden erblickte, rief sie die Spinne herbei. „Potz Tausend," rief diese, scheinbar erstaunt, „was sind denn das für Thiere?" „Wir wollen sie nur mitnehmen," meinte die Buschziege. Die Spinne willigte ein, und Beide gingen mit ihrer Beute davon. Unterwegs sagte die Spinne: „Komm, wir wollen die jungen Leoparden tödten." Als dies geschehen war, sagte die Spinne: „Trage sie jetzt nur nach Deinem Garten, ich komme gleich nach."

Als nun der Leopard, von der Jagd heimkehrend, seine Jungen nicht mehr unter dem Baume fand, wo er sie gelassen, verfolgte er ihre Spur, die ihn zum Garten der Buschziege führte. Dort fand er die Buschziege damit beschäftigt, ein mächtiges Feuer anzuschüren; seine beiden Jungen lagen daneben; als er sie aber aufhob, merkte er, daß sie beide todt waren. „Du hast mir meine Jungen getödtet!" rief der Leopard wüthend; damit wollte er auf die Buschziege losstürzen. Die aber lief davon, so schnell ihre Füße sie tragen wollten.

Wuthentbrannt jagte der seiner Jungen beraubte Leopard ihr nach; die Spinne aber, die von einem nahen Versteck Alles mit angesehen, wollte vor Lachen bersten. Der Leopard aber lief den ganzen Tag hinter der Buschziege her, ohne sie einholen zu können.

Als die Nacht hereinbrach, verbarg sie sich im Hause des Königs. Gleich nach ihr kam der Leopard schweißbedeckt an. „Ist die Buschziege hier?" fragte er. „Ja", entgegnete der König, „was willst Du denn von ihr?"

„Ach," klagte der Leopard, „sie hat meine Jungen getödtet!" „Dann fange sie Dir nur," sprach der König;
„sie ist dort hinten. Neulich hat sie auch eins von meinen
Schafen getödtet." Die Buschziege war aber schneller als
der Leopard, sie entkam ihm und verbarg sich in der
Wohnung der Spinne.

Diese war inzwischen zurückgekehrt, hatte die getödteten
jungen Leoparden zugerüstet und auf's Feuer gesetzt; dann
eilte sie wieder zur Stadt. Der Leopard, der wieder bei
dem Könige angelangt war, klagte der hinzutretenden
Spinne: „Denke Dir, die Buschziege hat meine Jungen
getödtet." „Schon wieder die Buschziege!" entgegnete die
Spinne; „neulich hat sie erst meine Kinder getödtet."
Dann kehrte sie zur Buschziege zurück, während der Leopard
sich von Neuem aufmachte, diese zu suchen.

Die Spinne brachte der Buschziege Essen, dann fragte
sie: „Nun, Buschziege, wie geht es Dir denn?" „Ach,
ich bin halbtodt vor· Angst!" „So! nun, Du wirst wohl
bald wissen, wie es ist, wenn man sich halbtodt fühlt.
Haha! Jetzt aber lauf, soweit Du kannst, denn wenn der
Leopard Deine Spur findet, wird er nicht ablassen, Dich
zu verfolgen."

Dann ging sie zum Leoparden und schürte seine Wuth
gegen die arme Buschziege von Neuem; zugleich gab sie
ihm den Rath, sich hinter des Königs Hause verborgen
zu halten, sie wolle versuchen, ihm die Buschziege zuzu-
führen. Darauf suchte sie dieselbe auf und sagte: „O,
Alles ist wieder in Ordnung. Geh nur ruhig zur Stadt
und warte hinter dem Hause des Königs auf mich." Die
Buschziege gehorchte; als der Leopard sie aber sah, stürzte
er sich auf sie. Der König hörte ihr Geschrei und gebot
dem Leoparden, sie vor ihn zu bringen; dann ließ er sie
tödten.

Erst nachdem sie getödtet war, erschien die Spinne; der gab der König die besten Stücke zum Dank für ihre Rathschläge. Zum Leoparden aber sprach der König: „Jage alle Buschziegen, die Du antriffst.“ Seit jenem Tage stellt der Leopard den Buschziegen nach.

Die Kinder der getödteten Buschziege aber gingen zur Katze und erzählten ihr, was für eine schlechte Person die Spinne sei, die ihre Mutter in's Unglück gebracht habe. Seit jenem Tage stellt die Katze den Spinnen nach und frißt sie, wo sie nur immer dieselben finden kann.

---

12. Der bemooste Zauberstein oder der überlistete Betrüger.

(Der Temnesche Originaltext dieser Fabel findet sich auf Seite 67—73 von C. F. Schlenker's „Collection of Temne Traditions etc.,“ London 1861.)

Einst bemerkte die Spinne im Walde einen dicht-bemoosten Stein. „Welch ein sonderbarer Stein, mit so dichtem Moose bewachsen!“ rief sie erstaunt; plötzlich aber stürzte sie zu Boden und verlor das Bewußtsein; erst am Abend kam sie wieder zu sich. Darauf nun gründete sie einen Plan, den sie gegen andere Thiere in's Werk setzen wollte.

Tags darauf lud sie die Buschziege ein, sie auf die Jagd zu begleiten. In der Nähe des Steines angekommen, sagte sie zu ihr: „Geh nur voran und warte meiner an jenem Baumstamm, ich komme gleich nach.“ Bald holte die Spinne die Buschziege ein und sagte: „Laß uns nun weiter gehen, Freund.“ „Sieh nur,“ rief die Buschziege, „wie dicht dieser Stein mit Moos bewachsen ist!“ In dem nämlichen Augenblick aber stürzte sie bewußtlos zur Erde. Frohlockend schleppte die Spinne den regungslosen Körper nach Hause und zehrte mit ihren Kindern daran. Denselben Streich spielte sie dem Hirsche und der Antilope; sie führte ihre Begleiter stets in die Nähe des Steines und blieb dann unter irgend einem Vorwande zurück; der bemooste Stein fiel Jedem auf, und so sprachen sie ahnungslos die verhängnißvollen Worte. Lagen sie dann neben dem verzauberten Steine ohne Bewußtsein, so schleppte die Spinne sie davon und fraß sie auf.

Dem Fillentamba *) aber fiel es auf, daß keiner von den Jagdgefährten der Spinne zurückgekehrt sei; als daher die Spinne eines Tages die Buschkuh **) aufforderte, sie auf die Jagd zu begleiten, so folgte ihnen der Fillentamba ungesehen. Er sah, wie die Spinne zurückblieb, hörte die Buschkuh sagen: „Welch ein sonderbarer, dichtbemooster Stein!" und sah, wie sie sofort regungslos niederstürzte. Er bemerkte auch, wie die Spinne versuchte, den Körper der Kuh fortzuschaffen; dies schien ihr aber nicht möglich zu sein, denn sie eilte davon, um bald mit all ihren Kindern zurückzukehren, und mit vereinten Kräften schleppten sie alsdann die Buschkuh davon. „Aha," dachte der Fillen-tamba, „nun bist Du gewitzigt."

Als nach einiger Zeit die Spinne den Fillentamba auf=forderte, mit ihr auf die Jagd zu gehen, war dieser sofort

---

*) Eine Hirschart; ein schönes Thier mit schlanken Beinen und weiß= und braungeflecktem Fell. Der Temnesche Name ist „Wör". (Schlenker.)

**) Eine große Antilope, größer als die gemeine Kuh, mit weißen Flecken, das Männchen mit langen Hörnern, die es zu-rückwerfen soll, wenn es durch den Wald streift; wird es aber gereizt, so richtet es dieselben in die Höhe, um sich damit zu vertheidigen. Pänkál heißt es in der Temne-Sprache. (Schlenker)

bereit. Bald waren sie in der Nähe des Steines, und die Spinne sagte, wie gewöhnlich: „Ich komme gleich nach; warte eben dort, wo der große Baumstamm liegt, auf mich." Der Fillentamba aber ging an dem Zauberstein vorüber und blieb erst eine Strecke hinter demselben stehen.

Als die Spinne nun kam, rief sie ihm zu: „Warum stehst Du denn dort und nicht hier neben dem Baumstamm?" „Hier ist ja wohl der Weg?" entgegnete der Fillentamba. Die Spinne aber rief ihn an ihre Seite; schweigend gehorchte er. Beide standen jetzt neben dem bemoosten Zaubersteine. Dort hatten sie folgendes Gespräch:

Die Spinne: „Warum sprichst Du nicht?"

Der Fillentamba: „Was soll ich denn sagen?"

Die Spinne: „Ach, Du hast ja keinen Verstand!"

Der Fillentamba: „O ja."

(Pause.)

Spinne: „Schau hier!"

Fillentamba: „Schau hier!"

Spinne: „So sprich doch!"

Fillentamba: „Was denn?"

Spinne: „Aus Etwas wächst Etwas."

Fillentamba: „Aus Etwas wächst Etwas."

Spinne: „So sprich doch endlich!"

Fillentamba: „So sprich doch endlich!"

Spinne: „Du bist wirklich ein sonderbarer Bursche, Meister Fillentamba. So sprich doch endlich!"

Fillentamba: „Ja, was soll ich denn sagen?"

Spinne: „Sage: Sar-lo."

Fillentamba: „Sar-lo."

Spinne: „Sage: Aus einem Stein wuchs Moos hervor."

Fillentamba: „Aus einem Stein wuchs Moos hervor."

Kaum hatten sie diese Worte gesprochen, als Beide wie todt niederstürzten. Als sie wieder erwachten, war es bereits Abend. „Was gibt's nun?" fragte die Spinne. „Gar nichts," sagte der Fillentamba. „Was soll ich sagen?" fragte die Spinne weiter, in der Hoffnung, den Fillentamba zu berücken; der aber wiederholte ganz unbefangen: „Was soll ich sagen?" Rasch rief die Spinne: „Sage: Aus einem Stein wuchs Moos hervor!" damit fiel sie bewußtlos zu Boden.

Der Fillentamba aber hütete sich wohl, es zu wiederholen, sondern ging heim und warnte Alle vor der Spinne und vor dem bemoosten Zaubersteine.

13. Die Geister im Rattenloche oder Vater und Sohn.

(Der afraische Originaltext dieser Fabel findet sich auf Seite 193—200 von J. Zimmermann's „Grammatical Sketch of the Akra- or Gā-Language," Stuttgart 1858.)

Einst kam eine Hungersnoth über das Land; da machte die Spinne und ihr Junges sich aus der Stadt auf, um draußen unter altem Mauerwerk Nüsse zu suchen. Es vergingen aber mehrere Wochen, ohne daß sie nur eine einzige Nuß fanden; endlich fand das junge Spinnlein eines Tages eine Nuß; voller Freude knackte es sie auf, aber siehe! da fiel sie ihm aus der Hand und rollte in ein Rattenloch. Spinnlein war aber nicht gewillt, seine Beute so ohne Weiteres fahren zu lassen, sondern stieg in das Rattenloch hinab, um seine verlorene Nuß zu suchen. Da traten ihm aber drei Geister entgegen: ein weißer,*)

---

*) Weiß ist die Farbe der Fetische.

ein rother und ein schwarzer Geist, die sich seit Erschaffung
der Welt weder je gewaschen, noch je ihren Bart geschoren
hatten. Die fragten es: „Wohin willst Du? Und was
suchst Du?" Da erzählte das Spinnlein ihnen seine
Leidensgeschichte und sagte, es sei in das Rattenloch gekommen, um seine verlorene Nuß zu suchen. Da sprachen
die drei Geister: „Und für weiter nichts als eine Nuß
unternimmst Du soviel?" Dann gruben sie auf ihrem
Acker nach Yams und brachten ihm eine Anzahl davon,
wobei sie sagten: „Schäle diese Yams und koche die
Schalen, das Gute aber wirf weg." Spinnlein gehorchte,
bereitete die Schalen zu, und siehe! sie verwandelten sich
in herrliche Yams.

Drei Tage blieb Spinnlein dort und wurde inzwischen
sehr fett, am vierten Tage aber bat es die Geister um
Erlaubniß, seinen hungernden Leidensgefährten auch ein
Wenig von den köstlichen Yams bringen zu dürfen. Die
Geister willfahrten seinem Begehren und entließen Spinnlein mit einem großen Korbe voller Yams. Sie begleiteten
das Spinnlein noch ein Stück Weges, und ehe sie von
ihm Abschied nahmen, sprachen sie zu ihm: „Du bist nun
unser Freund, darum wollen wir Dir auch etwas anver-
trauen. Wir wollen Dich ein Sprüchlein lehren, aber
verrathe es ja an Niemand." Darauf sangen sie:

Solo: „Weißer Geist — hoho!
          Rother Geist — hoho!
          Schwarzer Geist — hoho!"

Chor: „Würd' mein Kopf übertreten,
          Was würde mir geschehen?
          Den Kopf, den wirft er weg!
          Den Fuß, den wirft er weg!
          Den Kopf, den wirft er weg!
          Du, Du beleidigtest die Hauptfetische!"

So fangen die Geifter; darauf entließen fie Spinnlein. Als es daheim ankam und die Yams zeigte, rief fein Vater alle Freunde herbei, und ein Jeder bezeigte ihm feine Freude; von den mitgebrachten Yams aber aßen Alle mit dem größten Vergnügen und wurden fehr fett. Spinnlein holte nun immer neuen Vorrath aus dem Rattenloche hervor, darinnen die ungewafchenen Geifter haufen Endlich machte Spinnleins Vater, von Neugierde geplagt, ihm eines Tages das Anerbieten, es dahin zu begleiten, von wo es ftets fo fchöne Yams heimbringe; Spinnlein wollte aber Nichts davon wiffen, denn fein Vater hatte keine Lebensart. Die alte Spinne aber wollte fich nicht fo ohne Weiteres von ihrem Vorhaben abbringen laffen, fondern fchnitt in der Nacht, während Spinnlein ahnungslos fchlief, ein Loch in feinen Sack und füllte denfelben mit Afche.

Als Spinnlein fich am andern Morgen mit dem Sack auf dem Weg gemacht hatte, fchlich fein Vater ihm auf der Spur nach, die durch die Afche bezeichnet war, und holte Spinnlein draußen vor der Stadt ein. „Nun wohl!“ rief Spinnlein, „ich fehe, Du willft ftatt meiner gehen. Wohlan! Geh, ich kehre zurück. Hüte Dich aber, Vater, zu viel zu fprechen und den Klugen zu fpielen!“ Damit ging Spinnlein davon, fein Vater aber rief ihm nach: „Sorge lieber für Dich felbft!“ und ging ftracks in das Rattenloch hinein.

Dort traten ihm die Geifter entgegen und fragten nach feinem Begehren; kaum hatte die Spinne fie aber erblickt, als fie laut auflachte und rief: „Seh’ Einer diefe ungewafchenen Narren! Kommt, foll ich Euch Eure bufchigen Bärte ftutzen?“ „Willft Du uns vielleicht Weisheit lehren?“ riefen die Geifter erzürnt; „und was fuchft Du überhaupt hier?“ Da berichtete die Spinne, wie fie gekommen fei, Yams für fich und ihre Genoffen zu holen. Darauf brachten sie ihm Yams und sprachen dabei: „Schäle sie und koche die Schalen." Die Spinne aber lachte und meinte: „Daß ich ein Narr wäre!" damit setzte sie die Yams auf's Feuer, aber sie wollten durchaus nicht gar werden. Als sie nun endlich den Rath der Geister befolgte und nicht die Yams, sondern die Schalen auf's Feuer setzte, verwandelten diese sich in herrliche Früchte.

Nachdem die Spinne einige Zeit bei den Geistern ge-blieben war, sagte sie: „Nun will ich gehen." Da gaben die Geister ihm einen großen Korb voll Yams mit und begleiteten sie noch ein Stück Weges; ehe sie sich von ihr trennten, lehrten sie dieselbe jenes Sprüchlein, welches sie auch dem Spinnlein anvertraut hatten, schärften ihr aber ein, es ja nie zu singen. Unerachtet des Verbotes sang die Spinne sofort mit; als die Geister aber schwiegen, meinte sie, sie haben nur einen alten Gesang aus ihrer Heimath gemurmelt.

Kaum hatte sich die Spinne von den Geistern aus dem Rattenloche verabschiedet, so sang sie mit lauter Stimme:

„Weißer Geist — hoho!
Rother Geist — hoho!
Schwarzer Geist — hoho!
Würde mein Kopf ꝛc."

Da aber ergriff sie ein rasender Schmerz; sie stürzte nieder. Es war ihr, als würden ihr Kopf, Beine und Hände abgeschnitten, aber noch tönte ihr Gesang fort. Mitleidig weckten die Geister sie aus dem bösen Traum, aber die Spinne sang von Neuem, abermals stürzte sie mit jenem schrecklichen Traumbilde vor den Augen nieder; wieder weckten die Geister sie, als sie aber zum dritten Male den verbotenen Gesang anstimmte, nahmen die Geister ihr die Yams weg und peitschten sie von dannen. Die

Bewohner der Stadt jubelten Anfangs, als die Spinne heimkehrte, als sie aber die Erzählung derselben hörten, jagten sie sie erzürnt davon.

IV. Elephanten-Fabeln.

~~~~~~~~~~~~

14. Wer kann am Meisten essen?

(Der Bullomsche Originaltext dieser Fabel findet sich auf Seite 52—54 von G. R. Nylander's „Grammar and Vocabulary of the Bullom-Language," London 1814.)

Der Elephant und die Ziege stritten sich, wer von ihnen am Meisten essen könne. Der Löwe, vor den sie ihren Streit brachten, sagte: „Ich werde Euch morgen an ein großes Feld führen; wer dann am Meisten ißt, soll unter gesittetem Volk wohnen, der Andere aber soll mein Angesicht fliehen."

Am folgenden Morgen wurden Beide an ein großes Feld geführt und begannen zu grasen; endlich ging die Sonne unter, da legten sie sich auf einem Felsen nieder, um ihre Glieder zu strecken. Die Ziege aber reckte und dehnte sich, dann begann sie wiederzukäuen. „Was kauest Du denn?" fragte der Elephant. „O, ich kaue nur den Felsen. Wenn ich den aufgezehrt habe, kommst Du an die Reihe."

Als der Elephant das hörte, eilte er in den Wald, so schnell er laufen konnte.

Daher ist die Ziege jetzt ein Hausthier und lebt unter gesittetem Volke, der Elephant aber flieht des Menschen Angesicht.

———————

15. Wer kann am Meisten essen?
(Eine andere Ueberlieferung.)

(Der Temneſche Originaltext dieſer Fabel findet ſich auf Seite 60—66 von
C. F. Schlenker's „Collection of Temne Traditions etc.", London 1861.)

Der Elephant und die Ziege hatten einſt einen Streit,
wer von ihnen am Längſten graſen könne. Der Löwe, an
den ſie ſich wandten, damit er ihren Streit ſchlichte, gebot ihnen, mit ihm in den Wald zu kommen. Dort angekommen, ſprach er: „Ihr ſollt nun hier graſen; der
Elephant graſe zu meiner Rechten, die Ziege zu meiner
Linken. Hernach werde ich mein Urtheil fällen."

Die Thiere gehorchten; der Elephant knickte mit ſeinem
Rüſſel die ſtärkſten Bäume um und fraß die Blätter ab,
wobei er die kleine Ziege laut verlachte. Die graſte un-
verdroſſen weiter und ſagte: „Wir wollen ſchon ſehen,
warte nur." Um die Stunde des Reisſtampfens*) ging
der Löwe mit den Beiden zum Grasfelde und ließ ſie
dort weiter graſen. Als die Sonne unterging, ſagte der
Elephant: „Ich dächte, wir gingen ein Wenig zur Ruhe."
„Ich habe noch lange nicht genug," meinte die Ziege, „laß
uns bis Mitternacht graſen." Mitternacht kam endlich
heran, und der Löwe ſagte: „Kommt nun mit mir auf
jenen Felſen und laßt uns ruhen!"

Alle Drei legten ſich nun auf dem weiten nackten
Felſen nieder, auf dem kein grüner Halm wuchs; der
Elephant hatte ſich die bequemſte Stelle ausgeſucht. Bald
ſchliefen Alle, die Ziege aber kaute laut wieder; von dem
Geräuſch „marat, marat", welches die wiederkäuende
Ziege machte, erwachte der Löwe. „Was machſt Du da?"

---

*) D. i. gegen 4 Uhr Nachmittags, zwei Stunden vor
Sonnenuntergang in den tropiſchen Gegenden.

rief er. „Ich esse,“ war die Antwort, „ich bin noch nicht
satt.“ „Aber was issest Du denn?“ fragte der Elephant.
„Ich esse den Felsen,“ entgegnete die Ziege, „Grünes sehe
ich nicht; und wenn ich damit fertig bin, ei, dann werde
ich etwas ganz besonders Süßes essen.“ Da sagte der
Löwe: „Kommt nun Beide her, auf daß ich den Streit
zwischen Euch schlichte.“ Der Elephant und die Ziege
gehorchten, letztere laute noch immer wieder und machte
das Geräusch: „mэrэt, mэrэt“. „Die hat noch immer
nicht genug,“ murmelte der Elephant.

Der Löwe gab darauf sein Urtheil. „Die Ziege,“
sagte er, „soll unter den Menschen wohnen; da sie allein
nicht satt werden kann, so mögen die Menschen ihr dazu
behilflich sein. Der Elephant aber, der die Zäune und
Häuser der Menschen beschädigt, darf nicht unter ihnen
weilen. Er gehe in den Wald und bleibe dort, denn die
Ziege hat ihn im Essen überwunden. Nimm Dich vor
ihr in Acht, Elephant; sie, die vom Felsen gegessen, will
Dich gewiß auch vertilgen!“

Da enteilte der Elephant in den Wald, suchte den
Leoparden auf und sprach zu ihm: „Leopard! Ich gebe
die Ziege in Deine Gewalt; fange sie ein und töbte sie!
Wenn sie mich findet, wird sie mich sicherlich fressen, darum töbte sie, wenn Du kannst.“

Seit der Zeit streift der Elephant einsam im Walde
umher, der Leopard aber stellt der Ziege nach, die der
Elephant in seine Gewalt gegeben hat. .

16. Wer kann am Meisten essen?

(Dritte Ueberlieferung derselben Fabel.)

(Der Bornusche Originaltext dieser Fabel findet sich auf Seite 47 und 48 von
S. W. Kölle's „African Native Literature", London 1854.)

Der Elephant hatte einst Streit mit dem Huhne, wer
von Beiden wohl am Meisten essen könne. „Du Hühnchen,
Du bist just ein Maul voll für mich, und Du willst behaupten, daß Du mehr essen kannst als ich? Warte, wir
wollen morgen zusammen in den Wald gehen und sehen,
wer von uns Beiden nicht satt werden kann."

Demgemäß gingen Beide am folgenden Morgen zum
Walde und begannen zu essen. Der Elephant weidete die
Spitzen der höchsten Bäume ab, und der Hahn scharrte sich
allerlei Gewürm aus der Erde heraus. Gegen Mittag
war der Elephant satt und legte sich unter einen Baum
zur Ruhe. Als das Huhn ihn dort liegen sah, verhöhnte
es ihn und fragte: „Du kannst doch noch nicht satt sein,
Elephant? Komm doch und laß uns weiter essen." Un-
willig erhob sich der Elephant und weidete von Neuem
etliche Bäume ab, aber das Huhn sah ihn bald wieder
unter dem Baume liegen. Inzwischen ging die Sonne
unter; da kam das Huhn zum Elephanten und rief lachend:
„Schon satt? Nun, morgen wollen wir es weiter versuchen."

Am folgenden Morgen gingen Beide von Neuem aus;
plötzlich sprang das Huhn auf den Fuß des Elephanten
zu und pickte mit dem Schnabel daran, es hatte dort ein
Würmchen gesehen! Als der Elephant das sah, rief er:
„Mit dem Huhn will ich nicht wieder um die Wette essen;
ich bin schon längst satt, und nun sucht es sogar noch an
meinem Körper nach Nahrung. Am Ende verzehrt es
mich selbst noch." Damit gingen sie auseinander.

Wenn sich nun im Bornu=Gebiete ein Elephant zeigt und Kuskus und Wälschkorn*) in einer Farm abfrißt, so greifen die Bewohner schnell ein Huhn und kneifen es, so daß es aufschreit, dann läuft der Elephant davon. Das ist der Brauch in Bornu.

17. Der Krieg der Thiere.

(Der Bornusche Originaltext dieser Fabel findet sich auf Seite 48—52 von S. W. Kölle's „African Native Literature", London 1854.)

Der Elephant und der Hahn bewarben sich, ohne es zu wissen, um dasselbe Mädchen. Der Hahn pflegte sie bei Tage zu besuchen, mit Sonnenuntergang aber ging er stets davon. Wenn die Nacht hereingebrochen war, kam der Elephant; fragte dieser alsdann nach den Fußspuren, die er wahrnahm, so beruhigte das Mädchen ihn damit, sie habe den Platz vor dem Hause mit einem rauhen Besen abgefegt. Kam dann der Hahn am nächsten Morgen, sah die Fußspuren des Elephanten und fragte danach, so gab sie vor, sie habe Etwas in einem Mörser gestoßen, davon rührten jene Spuren her.

Der Hahn aber mißtraute ihrer Erklärung und beschloß, die Nacht im Hause des Mädchens zu schlafen. Als die Sonne unterging, gab sie ihm Etwas zu essen; als der Hahn es verzehrt, ward er plötzlich sehr müde, legte sich auf's Bett und schlief ein.

Mit Einbruch der Nacht kam der Elephant in das Haus und setzte sich auf's Bett; er setzte sich aber mit

---

*) „Kuskus" ist eine grobe, „Wälschkorn" eine feinere Art Hirse; erstere verwenden die Bornu's als Pferdefutter, aus letzterer bereiten sie sich Speisen. (Kölle.)

der ganzen Wucht seines schweren Körpers auf den Hinter-
schenkel des Hahnes. Der erwachte in Folge des Schmerzes,
den der Druck des Elephanten verursachte, und schrie laut
auf; als der Elephant den Schrei des Hahnes hörte,
stürzte er erschreckt zum Hause hinaus.

Auch der Hahn ging aus dem Hause des treulosen
Mädchens, er lahmte aber; bald hatte er indeß sein Bein
durch eine selbstbereitete Arznei wieder hergestellt; dann
ging er in den Wald, und als er dort den Elephanten
schlafend fand, schlich er leise hinzu und pickte ihm ein
Auge aus. Der Schmerz weckte den Elephanten, und mit
seinem einen übrigen Auge sah er, wie der Hahn eilends
davon lief.

Wuthentbrannt eilte er zum Löwen, erzählte ihm die
That des Hahnes und bat ihn, alle vierfüßigen Thiere
im Walde zusammenzurufen, damit sie gemeinschaftlich das
Schloß des Hahnes stürmten. Alle Thiere traten dem
Vorschlage bei und rüsteten sich zum nahen Sturme.

Der Strauß aber hatte von ihrem Anschlage gehört;
eilends ging er zum Hahn und machte ihn auf die Ver-
schwörung der vierfüßigen Thiere gegen ihn aufmerksam.
„Wir Beide," sagte der Strauß, „sind ja doch Brüder;
wohnst Du auch im Hause, ich aber schweife auf dem Felde
umher, doch sind wir Beide geflügelt, Beide zweibeinig,
darum komme ich, Dich zu warnen." Der Hahn dankte
dem Bruder Strauß für diese Warnung und wünschte ihm
tausend Segnungen; dann riefen sie alle Vögel zusammen,
theilten ihnen den Plan der Vierfüßler mit und baten sie
um ihre Hilfe. Alle erklärten sich bereit, gegen die Thiere
des Waldes zu fechten, und mit freudigem Stolze musterte
der Hase bald ein stattliches Heer befiederter Freunde.
„Nun laß die Vierfüßler nur kommen!" dachte er bei sich.
Die Biene erhielt Bogen und Pfeil, die Wespe einen

Speer, der schwarze Geier aber eine Kalabasse voll Zaubertrank*) aus rothem Kam = Holze bereitet.   So gerüstet
harrten die Vögel der Ankunft der Feinde.

Die waren inzwischen auch nicht müßig gewesen. Die
Gazelle der Wüste und der Schakal, als die tüchtigsten
Renner, trugen das Zauberwasser*) und unter Anführung
des Löwen rückten sie gegen die Vogelschaar an. Der
Löwe gab das Zeichen zum Angriff, da stürzten die Gazelle der Wüste und der Schakal mit ihrem Zauberwasser
auf die Vögel: aber die Erstere streckte ein Pfeil zu Boden,
den die Biene auf sie losgedrückt, und der Andere stürzte,
von dem Speer der Wespe durchbohrt, todt nieder. Als
der Löwe seine beiden Krieger fallen sah, wandte er sich
erschreckt um, und kaum sahen seine Leute ihren Ober-
feldherrn fliehen, als sich Alles in wilder Flucht überstürzte; die Vögel aber setzten den Flüchtigen nach. Da
tödteten die Krieger des Hahnes das ganze Heer des
Elephanten: nur hier und da entkam ihnen Einer.

Siegesfroh lagerten die Vögel sich an dem Ufer eines
Sees mitten im Walde. Als der Habicht nun von dem
Wasser des Sees trinken wollte, da gewahrte er eine alte,
hochbejahrte Kröte, die sich aus dem Getümmel des Kampfes
dorthin geflüchtet hatte; er wollte sie tödten, der Piri**)
aber sagte: „Nein, Habicht, tödte die Kröte nicht! Sie
hat aus Furcht vor uns Gott um Hilfe gebeten und sich
dort im See verborgen, um uns zu entgehen. Laß sie

---

*) Dies bezieht sich auf den Gebrauch, vor dem Beginn der
Schlacht Jemand den Feinden entgegenzusenden, der einen so-
genannten Zaubertrank unter sie zu schleudern hat. Dadurch
glauben die Neger sich den Sieg zu sichern. (Kölle.)
    **) Der Piri ist ein schwarzer Vogel von der Größe einer
Haustaube. Es gehört zu den größten Seltenheiten, eins seiner
Eier aufzufinden. (Kölle.)

leben!" Der Habicht gehorchte, und die Vogelschaar brach auf.

Der Hahn aber dankte dem treuen Strauß noch einmal von Herzen für seine Warnung. „Ohne Dich, Bruder Strauß," so sprach er, „würde ich schwerlich noch am Leben sein; doch nun sind unsre stolzen Feinde besiegt, und ich bin frei! Das Alles danke ich Dir." Unter tausend Segenswünschen schied er von ihm.·

Dem Piri aber, der der Kröte das Leben gerettet, gab der Schöpfer zur Belohnung die Erlaubniß, seine Eier in verborgene Löcher zu legen, so daß sie Keiner von ihm nehmen kann. Seit jener Zeit heißt er der Loch=Piri, und, während den andern Vögeln gar oft ihre Eier fortgenommen werden, findet Niemand des Loch=Piri's Eier. So bleibt seine junge Brut stets am Leben.

V. Löwen-Fabeln.

18. Wer ist stärker als der Löwe?

(Der Pornusche Originaltext dieser Fabel findet sich auf Seite 55—56 von
S. W. Kölle's „African Native Literature", London 1854.)

Einst rühmte sich der Löwe dem Schakal gegenüber,
daß er sich nur vor vier Dingen fürchte: vor Blättern,
die von den Bäumen auf ihn fielen, vor spitzen Gräsern,
die ihm beim Gehen den Leib zerstächen, vor Fliegen, die
ihn im Schlafen störten und peinigten, und vor der nackten
Erde, wenn er darauf schlafen solle. Sonst fürchte er sich
vor Niemandem. Als der Schakal meinte, es möchte doch
noch einen Stärkern geben, als ihn selbst, sagte der Löwe
stolz: „Du irrst, Freund! Ich tödte ungestraft die Jungen
des Elephanten, der Wildkuh und des Leoparden und bringe
sie meinen Jungen zur Nahrung. Brülle ich, so zittert
und bebt alles Gethier im Walde: ich bin der Mächtigste
darinnen!"

„Und doch," entgegnete der Schakal, „will ich Dir
Einen zeigen, der stärker ist als Du. Du sollst einen
schwarzen Vogel sehen, den Du nicht überwältigen kannst.
Sobald ich ihn wieder sehe, werde ich Dich rufen."

Am folgenden Morgen kam der Jäger in den Wald.
Der Schnabel eines großen schwarzen Vogels, den er sich
vorgebunden, verdeckte sein Haupt, und er ging einher wie

ein Vogel. Sobald der Schakal ihn sah, rief er eilends
den Löwen herbei und zeigte ihm den Jäger und sagte:
„Ueberwältigst Du jenen Vogel, so gib mir, bitte, eins
von seinen Beinen. Ich will es zu einem Zaubertrank
benutzen." Damit lief er davon.

Der Löwe wollte sich eben auf die fremde Erscheinung
losstürzen, als der Jäger kaltblütig einen Pfeil hervorzog
und denselben auf den Löwen abdrückte; der fiel getroffen
zu Boden und überstürzte sich im Fallen drei Mal; da
fühlte er die Wirkung des vergifteten Pfeiles; der Jäger
aber war in dem selbigen Augenblick unsichtbar geworden.*)
Mühsam erhob sich der Löwe und kroch langsam seiner
Höhle zu.

Bald fand der Schakal sich dort ein. „Nun," sagte
er, „wenn Du in der That weiter Nichts fürchtest als
Blätter von den Bäumen, Gras, Fliegen und die nackte
Erde, warum hast Du denn den schwarzen Vogel nicht
überwältigt?" Beschämt erwiderte der Löwe: „Des schwarzen Mannes Stärke ist allerdings größer als die meine.
Du hast Recht gehabt. Den schwarzen Mann müssen wir
fürchten. Thun wir das nicht, so fürchten wir selbst den
Herrn nicht, der ihn und uns erschaffen hat. Ich habe
mich mit Unrecht meiner Stärke gerühmt." Damit reichte
er dem Schakal die Hand, und sie schieden als Freunde.

Vor dem schwarzen Mann fürchtet sich alles Gethier
im Walde: selbst der Leopard, der Löwe, die Wildkuh
und die Hyäne, die im Walde auf Beute ausgehen, laufen
vor dem schwarzen Manne davon, sobald er sich sehen läßt.

---

*) Dies bezieht sich auf den unter Negervölkern allgemeinen
Glauben, daß die Jäger sich vermittelst zaubrischer Mittel unsichtbar machen können, sobald ihnen Gefahr droht. (Kölle.)

19. Der Löwenschwanz.

(Der Hauffaſche Originaltext dieſer Fabel findet ſich auf Seite 176—188 von
J. F. Schön's „Grammar of the Hausa-Language," London 1862.)

Zwei Schweſtern ſtritten ſich ein Mal, wer von ihnen
am Schönſten ſei. Endlich kamen ſie überein, ſie wollten
mit einander in die Welt ziehen, und wer von ihnen die
meiſten Geſchenke erhielte, die ſolle als die Schönſte gelten.

So machten ſie ſich denn auf die Reiſe, und an allen
Orten, wo ſie erſchienen, ſagten ſie zu den Bewohnern:
„Gebt der von uns, welche die Schönſte iſt, eine Gabe."
Beide erhielten viele Geſchenke, da Der die eine, Jener
die andre ſchöner fand; die jüngere aber erhielt noch
mehr, als ihre Schweſter.

Nachdem ſie manches Land durchzogen, machten ſie ſich
auf den Heimweg. Eines Tages kamen ſie an das Ufer
eines Sees; ſie tranken von dem Waſſer, dann lagerten
ſie ſich und ließen die Kühe, Schafe und Ziegen, die man
ihnen geſchenkt, graſen und trinken. „Geh und hole mir
noch ein Wenig Waſſer," gebot die ältere Schweſter der
jüngeren nach einem Weilchen. Dieſe ſtand auf, ging an
den Uferrand und wollte eben die Kalabaſſe füllen, als
die andre ihr zurief: „Nein, dort iſt das Waſſer nicht
gut; meinſt Du, daß ich von demſelben Waſſer trinken
will, von dem Dein Vieh getrunken hat? Geh weiter hinein!" Die jüngere gehorchte, gerieth aber in eine Untiefe
und verſchwand. Fröhlich trieb die ältere Schweſter, die
längſt auf die jüngere eiferſüchtig geweſen war, ihr und
ihrer Schweſter Vieh heim. Dort fragte man ſie natürlich,
wo ſie denn ihre Schweſter gelaſſen habe. „Sie ertrank
im Meere," entgegnete ſie ruhig.

Nun hütete ihr kleiner Bruder am Ufer des Sees der
Schafe. Spielend rief er der ertrunkenen Schweſter Namen

und sang dabei: „Komm nach Haus, komm nach Haus!"
Siehe! da kam sie aus dem Wasser hervor, ging auf ihn
zu, grüßte ihn und setzte sich bei ihm nieder; dann begann
sie, sein Haar zu kämmen und mit Oel zu salben. Darauf sprach sie: „Nun will ich heimgehen." „Wo wohnst
Du denn, lieb Schwesterchen?" fragte der Kleine. „Dort
im Wasser," erwiderte sie, stieg hinunter und verschwand.
Erstaunt trieb der Kleine seine Heerde heim und sagte:
„Heut Abend ist Schwesterchen bei mir gewesen; nun ist
sie wieder im Wasser." Sie aber glaubten ihm nicht.

Am nächsten Abend besuchte seine Schwester ihn wieder,
und wieder verschwand sie im Wasser, geheimnißvoll, wie
sie gekommen. Als der Knabe nach Hause kam, erzählte
er von Neuem, was ihm widerfahren; er fügte hinzu:
„Wollt Ihr sie selbst sehen, so müßt Ihr Euch in Schafe
verwandeln." Das thaten sie.

Am nächsten Tage trieb der Kleine seine Heerde, unter
der sich auch seine Eltern und einige Freunde befanden,
alle in Schafe verwandelt, wiederum zum Ufer des Sees.
Sobald der Knabe gesungen: „Komm nach Haus, lieb
Schwesterchen, komm nach Haus!" tauchte sie aus dem
Wasser empor und kam auf ihn zu. Unter freundlichem
Geplauder saßen sie bei einander; da sagte sie: „Du hast
ja heut mehr Schafe als sonst." „O nein!" versetzte er.
„Es ist doch wahr!" sagte sie. Die Schafe aber grasten
weiter und schauten sie an. Dann kämmte sie des Knaben
Haar, salbte es mit Oel und flocht es sauber zusammen.
Darnach nahm sie Abschied von ihm, stieg in's Wasser
hinab und verschwand darinnen.

„Glaubt Ihr nun," rief der Kleine, „daß ich die
Wahrheit gesprochen? War es meine Schwester oder nicht?"
„Sie war es!" riefen Alle. „Wie aber sollen wir es an-
stellen, sie wieder zu bekommen?" so fragten sie sich unter

einander. Da trat ein Königssohn zu ihnen und sprach: „Wollt Ihr mir Eure Tochter zur Frau geben, wenn ich sie aus dem Wasser hole?" „Ja, gerne!" entgegneten die Eltern.

Da verwandelte der Jüngling sich in einen Aussätzigen, so daß seine Hände voller Aussatz und er ganz häßlich wurde; Niemand wußte, warum er es that. Dann sprach er: „Wird das Wasser weiß, so dürft Ihr Euch noch nicht freuen; wird es schwarz, so stimmt Trauergesänge an; wird es aber roth, dann jubelt."

Nachdem er dies gesagt, stieg er mit seinem Scheer-messer in's Wasser hinunter. Unten angekommen begrüßte er den Wassergeist, den das Mädchen hatte zum Manne nehmen müssen, und fragte: „Befindest Du Dich wohl, König des Wassers?" Dodo erwiderte: „Ja, ganz wohl, mein Freund." „Soll ich Dir den Bart scheeren?" fragte der Jüngling weiter. „Ja!" war die Antwort.

Die Leute, die ängstlich am Ufer harrten, sahen, daß das Wasser sich weiß färbte, da füllte Trauer ihre Herzen. Bald färbte es sich schwarz, da begannen sie laut zu weh-klagen; endlich färbte es sich roth, der Jüngling hatte dem Dodo den Kopf abgeschnitten. Da erhoben sie ein Jubel-geschrei, sangen und sprangen und rührten ihre Trommeln vor Freuden. Siehe! Da kam der Jüngling aus dem Wasser heraus, an seiner Hand schwebte das junge Mäd-chen empor; mit Thränen im Auge hießen die Eltern die Wiedergefundene willkommen. Dann zog der Jüngling mit seinem jungen Weibe in sein Haus ein.

Seine Ehe war nicht glücklich. Die junge Frau liebte ihn nicht. Sie brachte ihm sein Essen auf einem schmutzigen Teller und ließ ihn aus einer schmutzigen Kalabasse trinken. Eines Tages rief er das Volk zusammen und erzählte ihnen von der Lieblosigkeit seiner Frau, der er das Leben gerettet. Dann ging er hin, wusch sich und reinigte sich von seinem Aussatz; schön wie der junge Tag kehrte er vom Bade zurück. Als seine Frau davon hörte, reinigte sie schnell sein Hausgeräth und füllte es mit köstlicher Speise. Als ihr Gatte heimkam, setzte sie ihm das beste Essen in schönen, reinen Gefäßen vor. Er aber sagte: „Bringe mir den schmutzigen Teller, von dem ich sonst gegessen, und die schmutzige Kalabasse, aus der ich sonst getrunken. Wenn Du dies nicht wünschest, so reinige mein Tischgeräth mit dem Schwanze eines jungen Löwen, sonst will ich nicht essen."

Weinend ging sie hinaus und klagte einer Freundin ihr Leid. „Siehst Du," sprach jene, „so rächt Dein Mann sich an Dir wegen Deiner früheren Lieblosigkeit! Nun aber rathe ich Dir, nimm Korn, wasche es und stelle es bei Seite; wenn dann viele Fliegen hineingefallen sind, so nimm dieselben heraus, trage sie in den Wald und füttere die Löwin damit, sobald sie ihren Mund öffnet; dann wirst Du den Schwanz eines jungen Löwen bekommen und kannst Deines Mannes Willen thun, damit er sich wieder in Liebe zu Dir wende."

Die junge Frau befolgte diesen Rath und nahm eine gute Anzahl Fliegen mit sich in den Wald. Dort fand sie die Löwin, die eben der Hyäne die Haare flocht; leise stieg die junge Frau auf einen nahen Baum. Als nun die Löwin gähnend ihren Mund öffnete, warf sie ihr Fliegen hinein; die Löwin schluckte dieselben hinunter, und als sie bald darauf von Neuem den Mund zum Gähnen öffnete, warf die junge Frau ihr abermals Fliegen hinein. Darauf sprach die Löwin zur Hyäne: „Geh fort, ich bin müde." Die Hyäne ging, die Löwin aber schaute nach oben; als sie dort Niemand wahrnahm, rief sie hinauf: „Wer ist dort oben?" „Ich, eine Frau, bin hier!" war die Antwort. „Komm nur herunter," rief die Löwin, „es soll Dir Niemand etwas zu Leide thun, komm nur ruhig herab!" „Ach, ich fürchte mich vor Deinen Jungen, wenn sie heimkehren!" rief die junge Frau hinab. „Die sollen Dir nichts zu Leide thun, komm nur!" entgegnete die Löwin.

Die junge Frau gehorchte, kam herab und gab der Löwin die übrigen Fliegen; auf deren Frage, warum sie in den Wald gekommen sei, sagte sie, sie müsse den Schwanz eines jungen Löwen haben. Die Löwin versprach, ihr einen zu verschaffen, dann versteckte sie die junge Frau, denn sie hörte die jungen Löwen kommen. Kaum waren diese dort, so riefen sie: „Mutter, wir wittern die Nähe eines Menschen." „Dummes Zeug," entgegnete die Löwin, „wittre ich doch Nichts. Geht nur und legt Euch schlafen." Sie gehorchten; dann ging die Löwin zu der jungen Frau und sagte: „Schneide den Schwanz des kleinsten Löwen ab. Gehe aber nicht hinein, ehe es nicht ganz dunkel ist."

Nach einem Weilchen macht sich die junge Frau auf und wollte dem jüngsten Löwen den Schwanz abschneiden; die jungen Löwen aber schliefen noch nicht, sondern riefen laut: „Mutter, da ist ein Mensch!" „Dummes Zeug!" entgegnete ihre Mutter, die Löwin. „Laßt mich schlafen und legt Euch selbst zur Ruhe." Sie gehorchten und waren bald eingeschlafen. Inzwischen war es ganz dunkel geworden; da ging die junge Frau hin und schnitt dem jüngsten Löwen den Schwanz ab. „Nun eile zur Stadt," sagte die Löwin. Die junge Frau eilte mit dem Löwen-schwanze davon, so schnell sie laufen konnte.

Als am folgenden Morgen die Löwen erwachten, kam einer nach dem andern hervor und wedelte fröhlich mit dem Schwanze. Der jüngste aber rief jammernd: „Ach! Ich habe nur noch den Stumpf eines Schwanzes, wehe!"

Da griffen die andern nach ihren Trommeln und rührten
dieselben; dazu sangen sie:

„Rückwärts, rückwärts sollst Du eilen,
Löwenkindesschwanzabschneider,
Rückwärts, rückwärts, frecher Dieb!"

Da mußte die junge Frau wider Willen zurückschreiten;
die Löwin aber sagte: „Laßt mich die Trommel schlagen!"
Dann schlug sie die Trommel und sang mit lauter Stimme:

„Vorwärts, vorwärts sollst Du eilen,
Löwenkindesschwanzabschneider,
Vorwärts, vorwärts eile Du!"

Da eilte die junge Frau, mit dem Löwenschwanze in
der Hand, der Stadt zu; glücklich kam sie dort an, reinigte
ihres Mannes Tischgeräth mit dem Schwanze des jungen
Löwen und setzte ihm seine Speise darin vor; da aß er
dieselbe.

Von diesem Tage an lebten Beide in Freuden mit
einander, sie aber hatte erkannt, daß ihr Mann eines
Königs Sohn sei.

---

20. Treu bis zum Tode!

(Der Hauffasche Originaltext dieser Fabel findet sich auf Seite 198—202 von
J. F. Schön's „Grammar of the Hausa-Language", London 1862.)

Ein Jäger fand eines Tages eine Heuschrecke im
Walde; er nahm sie auf, wickelte sie sorgfältig in Blätter
ein und nahm sie mit sich nach Hause. Seine Frau
machte, in der Meinung, ihr Mann habe etwas geschossen, ihre Töpfe zurecht und öffnete die Blätter, um

die Beute herauszunehmen, die sie darinnen vermuthete. Die Heuschrecke aber kam heraus und schwirrte davon. Als die Frau ihrem Gatten dies erzählte, ward er zornig und gebot ihr, der Heuschrecke nachzueilen und sie einzufangen. Die Frau gehorchte, lief der Heuschrecke nach und streute ihr hier und da eine Handvoll Wälschkörner hin; die Heuschrecke aber hüpfte stets davon.

Endlich brach die Nacht herein, und die Frau kroch in einen hohlen Baum hinein. Da sie indessen ihren Weg nach Hause nicht wiederfinden konnte, so blieb sie dort. Nach einigen Wochen gebar sie einen Knaben; sie pflegte nun täglich nach Nahrung auszugehen, um ihren Sohn säugen zu können, bis er groß war. Da gerieth der Knabe eines Tages in die Höhle der Löwin; die wollte ihn tödten, aber der kleine Bursche lachte sie so munter an, daß sie ihn am Leben ließ.

Bald gebar die Löwin ein Junges. Der kleine Bursche pflegte nun Tag für Tag in die Höhle der Löwin zu kommen, mit dem jungen Löwen zu spielen und mit ihm von dem Fleisch zu essen, das die Löwen erjagt; dann ging er stets zu seiner Mutter zurück.

Eines Tages spielte er lustig mit dem jungen Löwen; da kam die Löwin von der Jagd zurück und brachte ihnen die Leiche einer Frau, in der der Knabe mit Schrecken seine Mutter erkannte. Die Löwin hatte sie im Walde erblickt und sie getödtet. Da ward der junge Löwe traurig und wollte nicht von dem Fleische der Mutter seines Freundes essen; Beide gruben ein Loch und beerdigten des Knaben Mutter darin.

Als der junge Löwe sah, daß seine Fußspuren so groß waren als die seiner Mutter, machte er sich auf und tödtete sie im Walde; dann brachte er die Leiche nach Hause und sprach zu dem Knaben, der in der Zwischen-

zeit auch herangewachsen war: „Da, nun iß!" Der junge
Mann aber wollte es nicht thun; da machten sie ein Loch
und begruben die todte Löwin darin. Dann setzten sie sich
still hin; keiner von Beiden hatte mehr eine Mutter.

Beide waren inzwischen groß und stark geworden. Da
sprach der Mensch eines Tages zum Löwen: „Ich möchte
wohl einmal in die Stadt gehen, aber ich habe keine
Kleider." Als der Löwe das hörte, ging er in die Stadt
und legte sich in der Straße nieder; wenn nun die Kauf-
leute des Weges kamen, so sprang er plötzlich auf, so daß
jene vor Schreck ihre Waaren fallen ließen und davon
eilten. Dann nahm der Löwe viele Kleidungsstücke, fertige
Kleider und Tuchstoffe, Seidenzeuge und dergleichen mehr,
wie es neben ihm in der Straße lag, und brachte Alles
seinem Freunde, dem Menschen. „Nun fehlen mir noch
Aexte, Messer, Speere, Bogen und Pfeile und solche
Waaren," meinte jener, nachdem er dem Löwen hocherfreut
gedankt; wieder ging der Löwe zur Stadt, um dasselbe
Manöver zu wiederholen. Diesmal wählte er aus den
weggeworfenen Waaren Aexte, Schwerter, Messer und solche
Sachen und brachte sie seinem Freunde, dem Menschen.
Der dankte ihm und zog zur Stadt; bald vermählte er
sich dort, aber Niemand wußte, woher er gekommen war.

Allnächtlich kam der Löwe zur Stadt, um seinen Freund
zu besuchen; dann pflegten sie bei einander im Hause des
Mannes zu sitzen. Eines Abends, als sie so bei einander
saßen, kam plötzlich seine Frau hinein; beim Anblick des
Löwen fuhr sie erschrocken zurück und schrie laut auf.
Schnell eilte der Löwe hinaus und verbarg sich draußen
im Schatten eines Baumes, um seines Freundes Weib
nicht zu erschrecken. „Ach, da ist ein Löwe im Hause!"
rief die junge Frau erschreckt. „Du irrst," versetzte ihr
Mann, „wo sollte er denn hingekommen sein?"

Am folgenden Morgen, noch vor Tagesanbruch, rief der Löwe mit leiser Stimme seinen Freund herbei. „Ich gehe,“ sagte er zum Menschen; „wenn Du mich nur einen Schrei ausstoßen hörst, so wisse, daß ich sterbe; schreie ich aber zwei Mal, dann bleibe ich am Leben. Hörst Du?“ „Ich höre,“ sprach der Mann mit gebrochenem Herzen.

Bald hörte er den Löwen einmal aufschreien, dann war Alles still. Nun wußte er, daß der Löwe todt sei; schweigend schliff er sein Messer, dann trat er zu seinem Weibe und sagte: „Lebe wohl! Ich gehe zum Tode.“ Damit ging er in den Wald. Bald hatte er die Stelle gefunden, wo sein Freund, der Löwe, todt lag; er zog sein Messer und erstach sich dicht neben der Leiche des Löwen.

Bald fanden Bewohner der Stadt die beiden Leichen; Mensch und Löwe wurden in einem Grabe beerdigt. Ach! Der Löwe hatte das Glück der Gatten gestört.

VI. Affen- und Hasen-Fabeln.

21. Vom menschlichen Ursprung der Affen.

(Der Haussasche Originaltext dieser Fabel findet sich auf Seite 204—205 von J. F. Schön's „Grammar of the Hausa-Language", London 1862.)

Früher waren die Affen Menschen und nährten sich vom Fischfang. Einst kam ein Mann Gottes zu ihnen und sagte: „Fangt soviel Fische, als Ihr mögt, aber nicht am Sonntag; laßt sie am Sonntag in Ruhe essen." Die Männer versprachen zu gehorchen.

Als der Sonntag kam, gingen sie nicht wie gewöhnlich auf den Fischfang, sondern gestatteten den Fischen einen Rasttag. Eine von ihren Frauen aber ging zum Ufer des Sees, um Wasser zu schöpfen; da sah sie viele, viele Fische. Sie fing deren etliche und eilte dann nach Hause, um die Männer zu fragen, warum sie denn heut nicht, wie sonst, auf den Fischfang gingen, es seien viele, viele Fische da. Da erzählten ihnen die Männer, wie ihnen ein Mann Gottes erschienen sei und ihnen geboten habe, am Sonntage die Fische in Ruhe essen zu lassen.

Die Weiber aber, die dies für leere Ausflüchte hielten, drohten mit ihrem Zorne, wenn die Männer nicht sofort sich aufmachten, Fische zu fangen. Aus Furcht vor ihren Weibern gehorchten sie; sie gingen hin und fingen ein gut Theil Fische; als sie dieselben nun nach Hause bringen

wollten, erschien der Mann Gottes plötzlich und sprach
mit ernster Stimme: „Wie kommt es doch, daß Ihr das
Gebot des Herrn, Eures Schöpfers, nicht erfüllt? Es ist
Sonntag, und doch fangt Ihr Fische?" Und weiter sprach
er, ohne auf die Entschuldigungen der Fischer zu achten,
ihre Weiber hätten es ihnen geboten, also: „Vom heutigen
Tage sollen die Segnungen von Euch genommen werden,
die Euch gegeben waren. Ihr sollt forthin Schwänze
haben und auf Händen und Füßen im Staube umher-
kriechen und im Walde wohnen." So geschah's.

So wurden die Menschen in Affen verwandelt.

---

22. Wie Du mir, so ich Dir!

(Der Bullomsche Originaltext dieser Fabel findet sich auf Seite 54—57 von
G. R. Nylänber's „Grammar and Vocabulary of the Bullom-Language",
London 1814.)

Der Affe und das Chamäleon fanden auf einer gemeinschaftlichen Reise ein Gefäß voll Palmweines. Der
Affe ging dreist hinzu und trank ein gut Theil davon,
das Chamäleon aber wagte es nicht; dann setzten Beide
ihre Reise fort. Der Eigenthümer des Weines aber ging
den frischen Fußspuren nach und holte bald die beiden
Reisenden ein; Beide läugneten, etwas davon zu wissen,
der Affe aber sagte zu dem bestohlenen Weineigenthümer:
„Sieh auf uns, wie wir gehen: taumelt einer von uns,
dann strafe ihn als den Dieb."

So ließ der Mann denn Beide an sich vorübergehen;
der Affe schritt ganz ordentlich und gerade einher, das
Chamäleon aber schwankte, wie es stets zu thun pflegt.
„Siehst Du nun," so rief der Affe, „wer der Weintrinker

ift?" Da ergriff der Mann das Chamäleon, schlug es
und sagte endlich: „Nun geh! wäre es nicht um des Affen
willen, so würde ich Dich tödten."

Chamäleon und Affe setzten nun ihre Reise fort und
kamen bald an ein Feld, wo man Vorbereitungen zum
Abbrennen des Grases getroffen hatte. „Laß uns das
Feld in Brand stecken," sagte das Chamäleon. „O nein!"
sagte der Affe. Das Chamäleon nahm einen Feuerbrand
und schleuderte ihn mitten in das Gras hinein; aber die
Flamme erlosch alsbald.

Da kamen Leute herbeigelaufen und fragten, wer den
Feuerbrand geworfen habe; Beide leugneten, etwas davon
zu wissen, das Chamäleon aber sagte: „Schaut nach un-
fern Händen: weß Hände der Rauch geschwärzt hat, der
hat's gethan." Da die Leute sich nun die Hände der
beiden Reisenden zeigen ließen, so fanden sie des Cha-
mäleons Hände rein, die des Affen aber sahen, wie immer,
schwarz aus. Da schlug man den Affen, daß er halb bewußtlos in's nahe Gehölz taumelte.

23. Hase und Affe.

(Der Woloffische Originaltext dieser Fabel findet sich auf Seite 143—145 von
Baron Roger's „Recherches philosophiques sur la langue Ouolofe,"
Paris 1829.)

Der Affe warf dem Hasen vor, er sehe sich fortwährend
um, der Hase aber entgegnete, der Affe kratze sich fortwährend. Beide kamen überein, einen Tag hindurch vom
Sonnenaufgang bis zum Sonnenuntergang bei einander
zu sitzen: der Hase versprach, sich nicht umzuschauen, und
der Affe gelobte, sich nicht zu kratzen.

Der festgesetzte Tag kam heran; mit Sonnenaufgang fanden sich Beide auf dem bestimmten Platze ein; regungslos hielt der Hase seine Augen auf den Erdboden geheftet, ruhig und unbeweglich ruhten des Affen Hände auf seinem Schooß. Es wurde Mittag, da sagte der Affe, der es vor Pein kaum noch auszuhalten vermochte: „Als ich im Kriege war, trafen mich Kugeln hier — und hier — und dort — und dort!" Wohin er mit dem Finger wies, um die Stellen zu bezeichnen, wo Kugeln ihn getroffen, kratzte er sich schnell.

Auch der Hase, der es kaum noch vermochte, seine Augen auf dem Fußboden vor ihm ruhen zu lassen, begann eine Erzählung. „Als ich im Kriege war," sagte er, „verfolgten mich auch die Feinde. Vor Entsetzen sprang ich bald hierhin, bald dorthin, — bald links, bald rechts." Mit Blitzesschnelle folgten dabei seine Augen, die so lange starr auf den Boden geheftet gewesen waren, den Bewegungen seiner Glieder.

----

24. Hasenlist.

(Der Wolossische Originaltext dieser Fabel findet sich auf Seite 402—404 von Boilat's „Grammaire de la langue Woloffe," Paris 1858.)

Einst nahte sich der Hase, der das allerboshafteste Geschöpf auf Erden ist, dem Throne des Schöpfers und bat, der Herr möge ihn noch ein Wenig geriebener machen. „Geh, geh!" rief der Schöpfer, um sich des zudringlichen Bettlers zu entledigen; „erst fülle Deine Kalabasse einmal mit lebendigen Sperlingen."

Der Hase ging und setzte sich sinnend am Ufer einer Quelle nieder. Der Tag neigte sich seinem Ende zu, die

Sonne ging unter, siehe, da kamen alle die Vögel herbei, um sich nach der großen Hitze, die am Tage geherrscht, und während der sie sich verborgen gehalten hatten, zu erfrischen. Die Sperlinge waren hauptsächlich munter, sangen und sprangen und löschten ihren Durst mit dem frischen Quellwasser. Der Hase denkt bei sich: „Nun ist's Zeit!" springt auf und murmelt halblaut vor sich hin: „Ja — nein — nein — und doch — o nein, verzeiht — nie und nimmer — es geht nicht — es ist unmöglich — und doch? — oh!"

Verwundert fragen ihn die Sperlinge, was er denn meine? Er gibt zur Antwort, er wolle gar zu gern wissen, ob alle Sperlinge in seiner Kalabasse Platz hätten. „Gewiß," war die Antwort der Vögel, „wir sind ja so klein!" Damit schlüpfte Eins nach dem Andern in die Kalabasse des Hasen. Schnell setzt dieser den Deckel auf und eilt mit seiner Beute zum Thron des Schöpfers. Der aber sagte: „Wollte ich Deinen Verstand noch vermehren, so würdest Du ja die Welt umkehren. Geh!"

VII. Fabeln verschiedenen Inhalts.

25. Freuden des Stadtlebens.

(Der Temnesche Originaltext dieser Fabel findet sich auf Seite 40—44 von
C. F. Schlenker's „Collection of Temne Traditions etc.," London 1861.)

Nahe an der Stadt, im dichten Busch, wohnte das
Iguana; oft hörte es von dort, wie drinnen in der Stadt
der Name des Hundes gerufen wurde, oft schallte auch
sein Gebell herüber. „Wie glücklich mußt Du in der Stadt
sein!" sagte es zum Hunde, als dieser einst in den Busch
hinauskam. „Meinst Du?" entgegnete der Hund, „nun,
so komm mit mir." Damit setzte er sich das Iguana auf
seinen Rücken. „Allein kannst Du Dir in der fremden
Stadt doch nicht weiter helfen," sagte er und trabte zur
Stadt.

Dort schlich er in die Küche und nahm ein Stück
Fleisch aus einer Schüssel; da schrie das Kind: „Mutter,
Mutter, sieh nur, der Hund hat Fleisch gestohlen!" Schnell
ergriff die Mutter ein brennendes Stück Holz und schlug
damit auf den Hund zu, sie traf aber das Iguana; der
Hund ließ das Fleisch fallen und eilte hinaus.

Nach einem Weilchen brachte man dem Hunde eine
Schüssel mit ein Wenig gekochtem Reis, dann warfen sie
ihm Knochen vor. „Nun laß uns essen! sprach der Hund.
Aber der Reis reichte nicht für Beide aus, und des Iguana

Zähne sind nicht für Knochen eingerichtet. Der Hund fraß
die Knochen, dann ging er, das Iguana noch auf seinem
Rücken, auf den Hof, wo die Leute eben beim Essen waren;
er machte sich dabei, die Suppe aufzuschlürfen, die Leute
aber ergriffen eine Peitsche und schlugen nach ihm, trafen
indeß das Iguana. Dieses wollte sich darauf entfernen,
aber der Hund redete ihm zu, noch zu bleiben. „Du
kriegst gewiß heut noch ein Geschenk," sagte er.

Damit trug er das Iguana zu einem anderen Platze,
wo gerade gekochter Reis aufgefüllt wurde. Als der Hund
sich aber darüber hermachen wollte, griffen die Leute zur
Peitsche und jagten ihn unter derben Hieben davon; da
eilte er mit dem Iguana wieder in den Busch. „Laß uns
wieder zur Stadt gehen," meinte der Hund bald darauf.
„O nein," versetzte das Iguana, „es ist gar schlimm in
der Stadt." „Komm nur mit!" sagte der Hund zum
zweiten Male. Da lief das Iguana hinweg und versteckte
sich; der Hund aber ging allein zur Stadt zurück.

Seit der Zeit schleppt der Hund das Iguana in die
Stadt, wo er es nur findet; das Iguana soll lernen, was
Glück ist. Das Iguana aber nimmt sich vor dem Hunde
wohl in Acht, denn es mag nichts mehr von dem glück-
lichen Leben in der Stadt wissen.

---

26. Henne und Katze.

(Der Bornusche Originaltext dieser Fabel findet sich auf Seite 34—36 von
S. W. Kölle's „African Native Literature", London 1854.)

Einst trug die Katze der Henne ihre Freundschaft an,
welche diese auch annahm. Bald darauf ließ die Katze sie
durch eins ihrer Jungen auffordern, sie am nächsten Morgen

10 *

zur nahen Stadt zu begleiten. „Kommst Du, Kind der
Katze, in Frieden zu mir?" rief die Henne dem Kätzchen
entgegen. „Ja, ich komme in Frieden!" erwiderte das
Kätzchen und richtete alsbald seine Botschaft aus. Die
Henne versprach, die Katze begleiten zu wollen, schickte
aber nach einem Weilchen eins ihrer Kinder zur Katze,
um anzufragen, wann sie kommen solle; zuvor aber schärfte
sie dem Hühnchen ein, genau auf die Antwort der Katze
Acht zu geben.

Das Hühnchen ging und legte der Katze die Frage
vor; die Katze gab zur Antwort: „Sage Deiner Mutter,
sie möge beim ersten Hahnenschrei kommen; es wird sie
ja Niemand fressen." Diese Antwort brachte das Hühnchen
der Mutter, dann begaben sie sich alle zur Ruhe.

Am folgenden Morgen erwachte die Katze beim ersten
Hahnenschrei und rüstete sich zur Reise. Der Hahn krähte
zum zweiten Male, aber vergeblich wartete die Katze auf
ihre Reisegefährten. Als endlich der Tag angebrochen
war, ging die Katze zur Henne und fragte, warum sie
nicht beim ersten Hahnenschrei gekommen sei; die Henne
entschuldigte sich damit, sie gehe nie zur Nachtzeit aus dem
Hause. „Aber wovor in aller Welt fürchtest Du Dich
denn?" sprach die Katze; „es wird Dir ja nichts unterwegs
geschehen! Nun aber eile, und laß uns davon gehen!"

Darauf machte sich die Henne mit all ihren Küchlein
auf, um die Katze zu begleiten. Kaum waren sie aus dem
Hause, als die Katze zwei von den Küchlein ergriff. „Sie
sind zu schwach zum Gehen, ich will sie lieber in meinem
Busen tragen!" Damit wollte sie die Henne beruhigen,
die ihr erstaunt zusah. „Wenn Du so handelst," rief die
Henne aber, „dann gebe ich die Freundschaft mit Dir auf."
„Oho!" versetzte die Katze, „warte, wenn Du mich nicht zur
Freundin haben willst, sollst Du gar nicht nach Hause kommen."

Als die Henne dessenungeachtet umkehren wollte, packte die Katze sie beim Kopfe und drückte sie heftig, die Henne schrie laut um Hilfe, und bald eilten die Bewohner der Stadt herbei, um zu sehen, was es gäbe. Als die Katze die Menschen kommen sah, ließ sie die zum Tode erschreckte Henne los und lief in den Wald hinein. Die Henne dankte den Leuten aus der Stadt für ihre Errettung, die aber gaben ihr den Rath, sich künftig mehr vor der Katze in Acht zu nehmen.

Seit jenem Tage, so erzählen die alten Leute, leben Henne und Katze in Feindschaft.

---

27. Der stolze Schmetterling.

(Der Woloffische Originaltext dieser Fabel findet sich auf Seite 400—401 von Boilat's „Grammaire de la langue Woloffe", Paris 1858.)

Ein wunderschöner Schmetterling umflatterte eine duftende Blume; da bemerkte er eine häßliche Raupe, die im Staube dahinkroch. Verächtlich rief der Schmetterling ihr zu: „Wie darfst Du es wagen, Dich in meiner Nähe sehen zu lassen? Fort mit Dir! Sieh, ich bin schön und strahlend wie die Sonne, und meine Schwingen tragen mich hoch in die Lüfte, während Du auf der Erde umherkriechst. Fort, wir haben Nichts mit einander zu schaffen!"

„Dein Stolz, Du bunter Schmetterling, steht Dir schlecht an," erwiderte die Raupe ruhig. „All' Deine Farbenpracht gibt Dir nicht das Recht, mich zu verachten. Wir sind und bleiben Verwandte, so schmähst Du Dich also selbst. Bist Du nicht früher eine Raupe gewesen? Und werden Deine Kinder nicht Raupen sein, wie Du und ich?!"

28. Der Storch und die Kröten.

(Der Bornuſche Originaltext dieſer Fabel findet ſich auf Seite 36—38 von
S. W. Kölle's „African Native Literature", London 1854.)

Der Storch legte ſeine Eier in einen hohlen Baum
und brütete dieſelben aus. Als die jungen Störche aber
herauskamen und nach Nahrung ſchrieen, hatte Frau Storch
Nichts, was ſie ihnen hätte geben können. Endlich ent-
ſchloß ſie ſich, auf Anrathen einer Freundin, einen Verſuch
zu machen, die Kröten im nahen Sumpfe zu überliſten.
Leiſe legte ſie ſich vor Tagesanbruch neben dem Sumpfe
nieder, ſtreckte die Beine von ſich, ließ die Flügel ſchlaff
herabhängen, öffnete den Mund und ſchloß die Augen,
ganz als ob ſie todt ſei.

Der Tag brach an; da hob eine Kröte den Kopf aus
dem Waſſer hervor und ſchaute ſich um. Schnell tauchte
ſie wieder unter und rief allen anderen Kröten zu: „Kommt
herbei, vor unſerer Hausthüre liegt ein todter Körper."
Eine Kröte nach der andern hob nun den Kopf aus dem
Waſſer empor und guckte den Storch an, dann hielt man
Kriegsrath, und auf den Rath ihrer weiſen Männer ſtiegen
die Kröten an's Land und begannen, den Storch fort-
zuſchleppen. Dabei ſangen ſie: „Schlepp ihn fort und
laß ihn liegen!" Der Storch ließ Alles ruhig mit ſich
geſchehen. Als die Kröten ihn nun eine ziemliche Strecke
fortgeſchleppt hatten, ließen ſie den Körper liegen und
machten ſich auf den Heimweg. Da ſprang der Storch
mit Blitzesſchnelle auf und eilte ihnen nach; bald hatte
er Eine eingeholt und verſchlungen, und wenn die andern
auch davoneilten, ſo ſchnell ſie konnten, dennoch holte der
Storch eine nach der andern ein und ſteckte ſie in ſeinen
Sack. Dann eilte er nach Hauſe, vergnügt, Nahrung für
ſeine Kinder gefunden zu haben.

Darum werden die Kröten plötzlich ſtill, ſobald ſich Jemand dem Sumpfe nähert, darinnen ſie ſind; ſie ſind bange, der Storch komme wieder.

---

29. Die Ratte und die Kröte.

(Der Bornuſche Originaltext dieſer Fabel findet ſich auf Seite 52—54 von S. W. Kölle's „African Native Literature etc.", London 1854.)

Die Ratte und die Kröte hatten einſt Streit mit ein- ander, wer von ihnen am Meiſten ausrichten könne. Die Ratte warf der Kröte Folgendes vor: „Du kannſt ja gar nicht rennen, ſondern wirfſt Dich nur irgendwo hin, das iſt Alles." „Und doch," entgegnete die Kröte, „vermag ich mehr als Du. Warte, ich will Dir morgen etwas vormachen; kannſt Du mir das nachmachen, dann will ich ſagen: Du kannſt mehr als ich."

Als am folgenden Tage die Menſchen unter einem ſchattigen Baume Schutz vor der Gluth der Mittagshitze ſuchten, ſprach die Kröte zur Ratte: „Paß auf, was ich jetzt thue, und ſieh, ob Du es mir nachmachen kannſt." Damit kroch ſie auf die Menſchen zu, und dieſe ließen ſie ungeſtört zwiſchen ihnen hindurch kriechen. „Faßt die Kröte ja nicht an, ſie macht ſonſt Eure Hand bitter," ſo ſprachen ſie unter einander.*) Die Kröte kehrte zurück und ſprach zur Ratte: „Nun, kannſt Du das auch? Wohl, verſuche es nur morgen einmal."

---

*) Hier iſt die gewöhnliche Kröte (in Bornu *kókó*) gemeint, die einen dunkeln Rücken hat und vorn weißlich iſt; ſie ſoll nach der Ausſage der Bornus ſehr bitter ſein, während hingegen die größte Krötenart die *bertétege* heißt und bei ebenfalls dunklem Rücken vorn gelb iſt, allgemein, ſelbſt bei den Muhamedanern als Lederbiſſen gilt; ſie ſoll ſehr fett ſein.   (Kölle.)

Als am nächstfolgenden Tage die Sonne hoch am
Himmel stand, sah die Ratte die Menschen wieder im
Schatten des Baumes ruhen. Sie machte sich auf, um
zwischen ihnen hindurchzugehen; kaum aber hatten die
Männer sie erblickt, als sie bereits nach ihren Stöcken
griffen und auf die Ratte zuschlugen. Die aber war be-
hender als die Männer, und nur Einer streifte mit seinem
Stock ihren Rücken. Sie eilte zurück zur Kröte, wollte
aber den Streit noch nicht aufgeben, sondern am nächstfolgenden Tage den Versuch wiederholen.

An den beiden nächsten Tagen wiederholten sie demgemäß den Versuch; am ersten Tage kroch die Kröte wie
sonst unbelästigt zwischen den ruhenden Männern hindurch.
Als die Ratte aber Tags darauf dasselbe thun wollte,
wäre sie beinahe um's Leben gekommen. Sobald nämlich
die Männer der Ratte ansichtig wurden, liefen Alle mit
Stöcken hinter ihr her, um sie zu tödten, und hätte sie
nicht noch zur rechten Zeit ein Loch in der Erde gesehen,
in das sie behend hineinschlüpfte, so wäre es um sie geschehen gewesen. Einer der Verfolger war ihr bereits
dicht auf den Fersen, sein Stock aber fiel vor dem Eingang der Höhle nieder, in welche die Ratte sich geflüchtet
hatte.

Als Ratte und Kröte wieder zusammentrafen, erkannte
die Erstere die Ueberlegenheit der Andern an. „Hätte
mir unser Schöpfer nicht noch zur rechten Zeit ein Loch
gewiesen," so sprach sie, „was wäre aus mir geworden?
Dich ließen die Männer ungehindert passiren, aber mich
wollten sie tödten, und nur durch ein Wunder bin ich
entkommen.

Auf die Bitten der Ratte wies der Schöpfer ihr eine
Höhle zum Wohnsitz an; bei Tage läßt die Ratte sich nun
gar nicht draußen sehen, ist aber die Nacht hereingebrochen,

dann steckt sie den Kopf aus ihrer Höhle hervor, um zu sehen, ob Niemand auf sie lauert, sieht sie Niemand in der Nähe, dann erst wagt sie es, hervorzukommen, um sich Nahrung zu suchen. Die Kröte dagegen wohnt unter freiem Himmel, sie schmeckt bitter, und Niemand will etwas mit ihr zu thun haben; darum darf sie auch ungehindert gehen, wohin sie will.

30. Von den Schlangen.

(Der Bornusche Originaltext dieser Fabel findet sich auf Seite 62—64 von S. W. Kölle's „African Native Literature etc." London 1854.)

Alle Schlangen stammen von dem Alligator ab; der brütete aus einem seiner Eier die Kulutschi-Schlange*) aus, die gab der Abr-Schlange**) das Leben. Diese brütete die Gangu-Schlange,***) und die ward Mutter

---

*) Die Kulutschi ist eine große, boaartige Schlange; sie windet sich um ihre Beute und bricht ihr die Knochen entzwei. Sie soll, wenn sie eine Kuh erbeutet und verschlungen hat, zwei bis drei Monate liegen bleiben, ohne sich zu rühren, bis der Kopf der Kuh nebst den Hörnern, die sie nicht verschlingen kann, abgefault ist. Sie tödtet Menschen, aber frißt sie nicht. (Nach Kölle's „African etc.", S. 65—72.)

**) Die Abr hat gesprenkelte Haut, ist ungefähr 9 Fuß lang und von der Dicke eines Mannsschenkels. Ihr Kopf hat die Größe einer geballten Faust. Sie ist harmlos, wenn man sie nicht auf den Schwanz tritt, nur dann beißt sie. Ihr Biß ist tödtlich. Die Bornus behaupten, sie bringe einmal eine große Anzahl lebendiger Jungen zur Welt, dann sterbe sie.
(Kölle a. a. O.)

***) Die Gangu ist ungefähr 5 Fuß lang, von ähnlicher Dicke und gleicher Farbe als die Abr. Sie ist vollkommen

der Fuschi=Schlange.*) Als deren Brütezeit gekommen
war, brachte sie die Tschibato**) hervor; diese brütete die
schwarze Schlange ***) aus; die schwarze Schlange gab
der Komontugu †) das Leben, und von dieser stammte
endlich die Schergo=Schlange ††) ab. Dies sind alle
Schlangen, die je geboren sind. Sie wohnten alle an
einem Ort, aber in getrennten Räumen, und eine jede
ging, sich ihre Speise zu suchen.

Eines Abends, als es eben dunkelte, ging die Abr=
Schlange aus, sich Nahrung zu suchen. Als sie in den
Wald gekommen war, legte sie sich mitten auf dem Wege
nieder. Nun begab es sich, daß ein Mann just des Weges
kam, um im Walde zu jagen; die Abr erblickte ihn, er
aber sah sie nicht und trat sie im Gehen auf den Schwanz;

---

unschädlich; ihre Erscheinung soll sogar Glück bedeuten. Sie
lebt in der Nähe von Menschen und kommt gern in das Innere
der Hütten. (Kölle a. a. O.)

*) Ueber die Fuschi=Schlange findet sich keine spezielle
Notiz.

**) Die Tschibato ist schwarz, mit feuerrothem Hals
und Augen, etwa 9 Fuß lang. Ihr Biß ist tödtlich. Ihre Er=
scheinung soll kommendes Unglück verheißen (Kölle a. a. O.)

***) Die schwarze Schlange, eine kleine, aber furcht=
bar giftige Natter. Haut glänzend schwarz, lebt vorzugsweise
in Brunnen. (Kölle a. a. O.)

†) Die Komontugu ist etwa 6 Fuß lang und von der
Dicke eines Handgelenks. Haut gelblich. Liegt sie in der Sonne,
so schlingt sie sich gern Vorübergehenden um die Beine, im
Schatten aber rollt sie sich wieder los. Sie ist harmlos; ihre
Erscheinung in einem Hause soll die bevorstehende Niederkunft
der Hausfrau bedeuten. (Kölle a. a. O.)

††) Die Schergo=Schlange hat eine schöne, schwarz=
und weißgefleckte Haut, ist etwa 3 Fuß lang und hat die Dicke
eines Daumens; sie lebt gern in der Nähe von Menschen und
ist vollkommen unschädlich; daher heißt sie auch „Priesterschlange."
(Kölle a. a. O.)

da wand sich die Abr vor Schmerz und biß den Mann.
Der Mann stürzte laut schreiend zu Boden, die Andern
aber, die ihn schreien hörten, stürzten herbei, zu sehen,
was es gäbe; sie fanden den Armen schweißtriefend am
Boden liegen. Kaum hatten sie gehört, die Abr habe ihn
gebissen, so eilten sie mit Arzneien herbei, aber es war
zu spät, schon hatte das Gift der Abr gewirkt, und bald
war der Mann eine Leiche. Sie aber hoben ihn auf und
begruben ihn.

Als die andern Schlangen davon hörten, riefen sie
die Abr herbei und machten ihr Vorwürfe; ihr Biß, sagten
sie, werde sie alle in's Unglück stürzen, denn von nun an
würden die Menschen ihnen sicherlich nachstellen und sie
alle mit einander tödten. Die Abr aber sprach: „Harret
hier, bis ich wiederkomme; ich will hingehen und zu Gott
flehen, er möge uns ein sicheres Versteck anweisen, um
uns vor den Menschen zu retten." Damit ging sie davon; jene aber setzten sich nieder, ihre Rückkunft zu erwarten.

Die Abr ging aber hin und sprach also zu Gott: „Ich
habe übel gehandelt! Als Du uns Schlangen schufest, ge-
botest Du uns nicht etwa, Uebel zu thun: ich habe einen
Mann gebissen, der mich in der Nacht im Walde auf den
Schwanz getreten hatte; ich wußte nicht, daß mein Biß
ihn tödten würde, sonst würde ich ihn nicht gebissen haben.
Ich habe allerdings übel gehandelt, aber ich bitte Dich
nun, Du wollest uns allen einen sichern Schlupfwinkel
anweisen, damit wir den Menschen entgehen, denn die
werden uns jetzt sicher nachstellen."

Gott aber sprach zur Abr: „Deine Bitte ist erhört,
Hüte Dich nun aber, in Zukunft Böses zu thun. Ich
will Euch alle an einem sichern Orte verbergen. Aber
wenn die Lebenszeit eines unter Euch erfüllt ist, dann

sollen die Menschen ihn sehen und tödten, denn dann stirbt er durch meine Hand, nicht durch die der Menschen. Von nun an sollen die Menschen Euch nicht sehen, selbst wenn sie an demselben Orte sind, wo Ihr seid, ehe nicht Eure Zeit erfüllet ist; erst dann sollen die Menschen Euch sehen und Euch tödten!" So sprach Gott zur Schlange.

Hätte Gott die Schlangen nicht so vor den Augen der Menschen verborgen, so wären sie sicherlich bereits sämmtlich getödtet. Sind aber die Tage, die einer jeglichen Schlange zugezählt sind, vorüber, dann sehen die Menschen dieselbe und tödten sie.

---

31. Von den Insekten und ihren Aemtern.

(Der Bornusche Originaltext dieser Fabel findet sich auf Seite 58—61 von S. W. Kölle's „African Native Literature", London 1854.)

Einst kamen die Insekten zu Gott und baten, er möge ihnen Arbeit geben, damit sie ihren Lebensunterhalt verdienen könnten. Gott hörte ihre Bitte an und gebot der Grille, nach Sonnenuntergang allen Insekten kundzuthun, sie sollten am folgenden Tage in der Frühe zu ihm kommen.

Kaum war die Sonne untergegangen, so begann die Grille, laut ihre Botschaft auszurufen, wie der Herr ihr befohlen. Mitternacht kam, und noch immer rief die Grille zum Gebet; da sandte Gott einen Boten zu ihr und ließ ihr sagen, sie habe nun lange genug zum Gebet gerufen, sonst mache sie dem Herrn noch Kopfschmerzen. Die Grille aber wollte dem Befehle nicht gehorchen, sondern sagte: „Bleibe ich draußen, so wird man mich sehen," und lief in ihre Höhle; sie steckte den Kopf daraus hervor und rief und rief, bis die Sonne aufging; dann erst verstummte ihr Gebetsruf, und alle Insekten begaben sich zu des Herrn Betplatz; da wies der Herr einem Jeglichen seine Arbeit an. Ganz zuletzt kam auch das *Pátkēma**) zum Herrn; befragt, warum es denn so spät käme, gab es zur Antwort: „Ich belud erst meine Esel mit all' ihren Reisesäcken, die Andern aber eilten mir inzwischen vorauf." Der Herr aber sprach: „Alle Aemter bis auf Eins sind vergeben, das will ich Dir anweisen. Geh an den Eingang zur Höhle der schwarzen Ameisen, sammle die Ameisenköpfe dort auf, von denen viele dort liegen und fülle Deine Säcke damit. Dann treibe Deinen Esel zum Markte, breite Matten daselbst und verkaufe Deine Ladung."

Das *Pátkēma* gehorchte; bald hatte es seinem Esel einen großen Sack voller Ameisenköpfe aufgeladen und trieb ihn zum Markte; unterwegs warf der Esel den Sack ab. Da das *Pátkēma* nicht stark genug war, so bat er die Vorübergehenden, mit Hand anzulegen, aber es achtete Niemand auf dasselbe. Da kamen die kleinen rothen Ameisen**) des Weges; die bat das *Pátkēma*, ihm doch hilfreiche Hand zu leisten, sie aber sagten: „Helfen wollen wir Dir schon, aber nicht umsonst." „Nun, faßt denn nur an," sagte das *Pátkēma*, „ich will Euch bezahlen, wenn ich vom Markt heimkehre." Da beluden die kleinen

---

*) „*Kuli-pátkēma*", d. i. das Kaufmanns-Insekt, ist der Name eines Käfers, welcher alle möglichen Dinge in seiner Höhle aufzuspeichern pflegt. (Kölle.)

**) Diese rothen Ameisen sind ganz klein, mit bloßem Auge kaum sichtbar, aber, namentlich in Sierra Leone, höchst lästig, um so mehr, als ihnen bei ihrer Winzigkeit der Zugang zu Eßwaaren u. dgl. m. kaum versperrt werden kann. „Ich habe mehrfach beobachtet," schreibt Kölle, „wie sie an meinen Zuckerbehälter heranschwammen, der in einem großen, mit Wasser gefüllten Becken stand."

rothen Ameisen den Esel wieder, das *Pátkēma* aber trieb
ihn zum Markte, verhandelte dort seine Ameisenköpfe gegen
andere Waaren und machte sich auf den Rückweg.

Als die kleinen rothen Ameisen das *Pátkēma* sahen,
riefen sie ihm zu: „Vater *Pátkēma*, gib uns nun, was
Du uns schuldest!" Das *Pátkēma* aber weigerte sich und
zog seines Weges. Es war noch nicht weit ˉgekommen,
als es sich fieberkrank fühlte; es stieg in Folge dessen vom
Esel herab, band ihn fest und nahm ihm seine Last ab;
dann setzte es sich unter einen Baum, um ein Wenig zu
ruhen; das Fieber aber überwältigte es, und es fiel zu
Boden. Als die kleinen rothen Ameisen ihn dort liegen
sahen, thaten sie sich zusammen und tödteten ihn.

Ein anderes Insekt aber hatte dies gesehen und lief
eilends zum Herrn, ihm zu verkünden, das *Pátkēma* sei
von den kleinen rothen Ameisen getödtet worden. Da
sandte der Herr einen Boten und ließ die kleinen rothen
Ameisen sämmtlich vor sich fordern. Als diese nun erschienen waren, fragte der Herr: „Warum habt Ihr denn
das *Pátkēma* getödtet?" Die Ameisen theilten darauf
dem Herrn mit, wie das *Pátkēma* sie habe um den ver-
sprochenen Lohn betrügen wollen, wie es dann im Fieber
unter einem Baume zusammengestürzt sei, und wie sie es
alsdann vollends getödtet hätten. Der Herr sprach: „Ihr
hattet Recht!"

Noch heut ruft die Grille vom Abend bis zum Mor-
gen; das Kaufmanns-Insekt baut nicht das Feld und
arbeitet nicht, sondern zieht mit seinen Waaren auf den
Markt, und wo die kleinen rothen Ameisen ein krankes
Insekt liegen sehen, da gehen sie hin und geben ihm den
Rest.

VIII. Liebesgeschichten.

32. Wer kann am Schnellsten nähen?

(Der Bornusche Originaltext dieser Erzählung findet sich auf Seite 31—33 von S. W. Kölle's „African Native Literature", London 1854.)

Ein Mann hatte einst eine wunderschöne Tochter, die der Liebling aller jungen Leute des Orts war; namentlich bewarben sich Zwei davon um deren Gunst. Eines Tages kamen Beide zu ihr, um sie zu bitten, Einen von ihnen zu wählen. Das junge Mädchen rief ihren Vater herbei; als dem die jungen Leute mitgetheilt hatten, sie bewürben sich beide um die Hand seiner Tochter, forderte er sie auf, am folgenden Tage wiederzukommen, dann wolle er Beiden ein Probestück aufgeben; wer dies am Schnellsten löse, dem solle seine Tochter zu Theil werden.

Inzwischen kaufte der Vater Tuch auf dem Markte und schnitt es zu zwei Gewändern zurecht. Als nun die beiden Nebenbuhler am folgenden Morgen erschienen, gab er einem Jeden Stoff zu einem Gewande und gebot ihnen, die Kleider zu nähen; wer am ersten mit seiner Arbeit fertig sei, der solle seine Tochter zur Frau bekommen. Seiner Tochter aber gebot er, den Beiden immer einge= fädelte Nadeln zuzureichen.

Nun mußte das junge Mädchen aber recht wohl, welchen von den beiden jungen Leuten sie am Liebsten zum Manne

gehabt hätte; dem reichte sie darum immer Nadeln mit
kurzen Fäden, dem Andern aber gab sie stets lange Fäden.
Mittag kam, und noch hatte Keiner sein Gewand vollendet.
Nach einiger Zeit jedoch war der, den das Mädchen stets
mit kurzen Fäden versehen hatte, mit seinem Gewande
fertig.

Da riefen sie den Vater herbei; dem zeigte der junge
Mann sein Gewand; da sprach jener: „Du bist hurtig
bei der Arbeit und wirst darum sicherlich Dein Weib ernähren können. Nimm meine Tochter mit Dir, sie sei
Deine Gattin, und thue stets Deine Arbeit so hurtig, dann
wirst Du stets Nahrung für Dich und Dein Weib finden."

So hatte der junge Mann seine Geliebte vermittelst
ihrer List erlangt. Fröhlich führte er sie heim als seine
Frau.

---

33. Wie Tamba des Königs Tochter heirathete.

Der Temneſche Originaltext dieſer Erzählung befindet ſich auf Seite 86—96 von
C. F. Schlenker's „Collection of Temne Traditions etc.", London 1861.)

Ein König hatte eine wunderschöne Tochter, und Viele
begehrten sie zum Weibe. Eines Tages kam ein großer
Herr an den Hof des Königs und bot ihm viel, viel Geld,
wenn der König ihm seine Tochter zur Frau geben wolle.
Der König aber sagte: „Lege Dein Geld nieder; wenn
Du nennen kannst, was in diesem Amulet ist, dann sollst
Du meine Tochter heirathen." Das konnte der Freier aber
nicht, und enttäuscht mußte er heimziehen.

Viele junge Männer kamen noch aus dem Lande herbei, um sich um das Königs Tochter zu bewerben; Allen
versprach sie der König unter der Bedingung, daß sie

namhaft machten, was sich in dem Amulet befände, aber
Keiner vermochte diese Bedingung zu erfüllen, und enttäuscht zog Einer nach dem Andern davon.

Da machte sich auch Tamba, der fern im Osten des
Landes lebte, auf, um des Königs Tochter zu gewinnen;
die Leute aber lachten seiner und sprachen: „Wo so viele
große Herren enttäuscht worden sind, wirst Du sicher Nichts
erlangen." Tamba aber trat seine Reise an, ohne das
Gerede der Leute im Mindesten zu beachten. Er führte
aber Hühner und eine Ziege mit sich, und enthülsten Reis
und Reis in Hülsen; auch Penne-Samen,*) Palmöl und
Reisstroh führte er mit sich.

Er war noch nicht weit gekommen, da traf er den
Igel, der gewaltigen Hunger litt; da gab Tamba ihm
von dem mitgebrachten Reisstroh. Und weiter wanderte
Tamba, da traf er den Alligator, den gleichfalls der Hunger
plagte; dem gab er die Ziege. Bald darauf traf er den
Cerastes,**) der auch über Hunger klagte, dem gab er
zwei Hühner. Als der Cerastes die beiden Hühner verzehrt hatte, gab er dem Tamba eine Arznei und sagte:
„Wenn ein Cerastes Jemand beißt, so muß der Gebissene
von dieser Arznei trinken, deren Name *ka-woso* ist, zuvor
aber muß ein Betrüger sterben." Und weiter wanderte
Tamba, da traf er die Ameisen, und auch diese jammerten
über Hunger. Da gab Tamba ihnen Hirse und Palmöl.

Endlich kam Tamba am Hofe des Königs an. „Ich
komme, mich um des Königs Tochter zu bewerben!" so
sagte er. Einer von des Königs Ministern aber sagte
zu ihm: „Was? Ein so erbärmlicher Bursche wie Du,
Tamba, will sich um solch ein Weib bewerben?" „Ja!"

---

*) „Penne-Samen" ist eine Art Hirse.
**) „Cerastes", eine gehörnte Schlange.

war Tamba's Antwort. „Ich werde sie heirathen, sie soll schon mein Weib werden."

Nun merkte Tamba, daß einer von des Königs Dienern Hunger litt, dem gab er von dem mitgebrachten Reis zu essen; heimlich kam jener zum Tamba und theilte ihm mit, was im Amulet enthalten sei.

Am folgenden Morgen ließ der König den Tamba vor sich kommen. „Willst Du um meine Tochter freien," so sprach der König, „so mußt Du zuvörderst alle Dinge nennen, die in diesem Amulet enthalten sind." „Ich kann sie wohl nennen," war Tamba's Antwort, „aber ich weiß nicht, ob ich es wagen darf." „Nur zu," sagte der König, „es hat Nichts zu bedeuten." „Wohl," sagte Tamba, „im Amulet ist Haar vom König, da er noch ein Kind war, ein Stück der Kalabasse, daraus er zuerst Milch getrunken, und der Zahn der ersten Schlange, die er getödtet.*)

Kaum hatte Tamba dies ausgesprochen, so schalt des Königs Minister ihn einen frechen Lügner und gebot, ihn in Ketten zu legen. Der König aber sagte: „Halt! Findet er meine Pfeife, die ich einst auf dem Grasfelde verloren habe, so soll er meine Tochter heirathen." „Die will ich schon finden!" meinte Tamba und machte sich auf den Weg zum Grasfelde; dort vertraute er dem Igel an, er habe es übernommen, des Königs Pfeife herbeizuschaffen, die dieser einst im Grasfelde verloren habe. Der Igel versprach, die Pfeife zu suchen und schleppte sie in der That binnen Kurzem dem Tamba zu, der sie erfreut an des Königs Hof brachte. Des Königs Minister aber sagte: „Du lügst schon wieder, es ist nicht die rechte!" packte ihn und gebot den Knechten, ihn zu schlagen.

---

*) Duas res posteriores, ne forte offenderem pudorem legentium, substitui pro iis, quae extant in textu Bornuensi, pro funiculo umbilicari et particulis unguium recisis.

Der König aber rief: „Halt, laßt ihn frei! Findet er meine Cymbel,*) die mir neulich in die See fiel, dann will ich ihm meine Tochter zur Ehe geben." „Die will ich wohl finden," meinte Tamba, ging zum Alligator und theilte ihm mit, der König wolle gern seine Cymbel wieder haben, die ihm kürzlich in's Meer gefallen sei. Der Alligator stieg alsbald in die See hinab und kehrte schnell mit der Cymbel zurück. Als Tamba mit derselben am Hofe des Königs erschien, wollte dessen Minister ihn davonjagen lassen; der König aber gebot Tamba, zu bleiben und sprach weiter zu ihm: „Die Kinder haben meinen Reis mit Penne-Samen vermengt; kannst Du den Penne-Samen aussondern, so will ich Dir meine Tochter zur Ehe geben."

„Das will ich schon thun," meinte Tamba und machte sich wirklich an die mühsame Arbeit; da kamen die Ameisen in großer Anzahl herbeigelaufen, sagten zu Tamba: „Setze Dich nur hin, wir sind gleich fertig," und begannen, mit staunenswerther Geschwindigkeit den Reis in einen, den Penne-Samen in einen andern Korb zu füllen. Nach kurzer Zeit erschien Tamba mit den gefüllten Körben vor dem König und sprach: „Ich habe die Arbeit gethan." Da rief der Minister: „O, Tamba ist ein arger Mann, laß ihm den Hals abschneiden!" Da legten sie den armen Tamba in Ketten und geißelten ihn.

Nun begab es sich, daß der König baden wollte, darum sandte er seine vier Weiber zur Quelle, um Wasser für ihn zu schöpfen; eins von den jungen Mädchen aber

---

*) Ein metallnes Instrument, ähnlich einer Glocke mit etlichen Ringen versehen, die als Handhabe dienen, während es mit einer Hand geschlagen wird. Die Häuptlinge geben ihren Frauen damit das Signal zu Beifallsbezeugungen. (Kölle.)

lief mit ihnen. An der Quelle aber kam der Cerastes
auf sie zu und biß die Frauen; nur das junge Mädchen
entkam; entsetzt stürzte sie zur Stadt, um das Geschehene
zu berichten. Man holte die vier Frauen zur Stadt hinein; sie lagen sämmtlich besinnungslos da, und es konnte
ihnen Niemand helfen. Da gedachte der König des klugen
Tamba, ließ ihn vor sich bringen und fragte ihn, ob ihm
ein Mittel bekannt sei, den von dem Cerastes gebissenen
Frauen das Leben zu retten. Tamba bejahte die Frage,
setzte aber hinzu, es müsse erst ein Betrüger sterben, um
die Arznei wirksam zu machen. Rasch entschlossen griff
der König nach einer Eisenstange und schlug damit einen
seiner Minister vor den Kopf, daß er todt niederstürzte.
Dann flößte Tamba die Arznei, die er vom Cerastes erhalten hatte, einer der Frauen ein, die wie todt am Boden
lagen, und siehe! sie erhob sich gesund und frisch vom Boden.
Schnell ließ der König auf Tamba's Wunsch einen andern Minister mit der Eisenstange vor den Kopf schlagen,
und wiederum belebte die Arznei eine andere der Frauen.
So stellte Tamba die Frauen des Königs, eine nach der
andern, wieder her; die andern Minister aber flohen erschreckt davon, um einem ähnlichen Schicksal zu entgehen,
wie ihre bisherigen Amtsgenossen.

Nun bekleidete der König den Tamba mit köstlichen
Gewändern, gab ihm seine Tochter zur Ehe, um deren-
willen Tamba sich Allem unterzogen hatte, zur Gattin und
beschenkte ihn außerdem noch mit einem Wohnsitze in seiner
Nähe und zwei Pflanzungen mit allen Sklaven darauf.
So machte er den Tamba zu einem großen Herrn.

Als der König aber ganz alt geworden war und sterben
wollte, da empfahl er noch vor seinem Tode den Tamba
seinen Unterthanen zum Nachfolger. Dann starb er; sein
Volk aber wählte den Tamba zum Könige, und dieser ward

ein noch größerer und mächtigerer Herr, als sein Vor-
gänger gewesen war.

———

34. Von den vier Frauen.

(Der Haussasche Originaltext dieser Erzählung findet sich auf Seite 195—197 von
J. F. Schön's „Grammar of the Hausa-Language", London 1862.)

Um ein wunderschönes Mädchen bewarben sich einst
vier schöne Jünglinge aus derselben Stadt. Während die
Vier mit einander stritten, wem der Vorrang gebühre, kam
ein fremder Jüngling zur Stadt, nahm die schöne Jungfrau zu sich auf's Pferd und jagte mit ihr davon. Der
Jungfrau Vater aber bestieg sein Kameel, sobald er von
dieser Entführung hörte, eilte nach dem Wohnplatz des
fremden Jünglings und holte seine Tochter zurück.

Eines Tages ließ er alle Leute seines Stammes zu-
sammenkommen; das junge Mädchen trat unter sie und
sprach: „Wer von Euch im Stande ist, auf dem Kameele
meines Vaters umherzureiten ohne herunterzufallen, dem
will ich als Gattin folgen." Nun waren die Leute ihres
Stammes alle in ihren Feiertagsgewändern erschienen; der
fremde Jüngling aber kam, in eine Matte gehüllt, hinzu
und setzte sich in ihre Mitte hin.

Darauf machte Einer nach dem Andern den Versuch,
auf dem Kameele umherzureiten, aber es war vergeblich:
das Kameel warf Einen nach dem Andern ab. Als Alle
sich vergeblich bemüht hatten, die Aufgabe zu lösen, schritt
das Mädchen auf den fremden Jüngling zu und sprach:
„Laßt diesen Fremdling auch einmal den Versuch machen!"
Da murrten die Leute ihres Stammes und sprachen:

„Keiner der Unsrigen hat dieses Kameel zu bändigen ver-
mocht, und ein Fremdling sollte es können?" Das junge
Mädchen aber sprach: „Nun, laßt's ihn doch einmal versuchen!" Da bestieg der fremde Jüngling das Kameel,
die Andern trieben es mit der Peitsche an, er aber ritt
drei Mal ruhig und sicher im Kreise umher; als er aber
zum vierten Male bei seiner Erkorenen vorbeikam, beugte
er sich vom Kameel herab, hob sie schnell zu sich empor
und jagte mit ihr davon.

Schnell schwang ihr Vater sich auf sein Pferd, den
besten Renner im Orte, und setzte den Flüchtigen nach;
schon berührte des Pferdes Nase den Schweif des Kameels,
als der Jüngling mit seiner jungen Frau vom Kameel
heruntersprang und sie in sein Haus trug; die Thüre
warf er mit solcher Gewalt zu, daß ein Fuß des Pferdes,
auf dessen Rücken des Mädchens Vater ihn verfolgt hatte,
zwischen die Thürpfosten gerieth. Mit Mühe zog des
Mädchens Vater den Fuß des Pferdes heraus und kehrte
heim. Die vier Freier aber waren und blieben enttäuscht.

IX. Märchen.

35. Die ungehorsame Tochter.

(Der Haussasche Originaltext dieses Märchens findet sich auf Seite 207—209 von
J. F. Schön'e „Grammar of the Hausa-Language," London 1862.)

Eine Frau bewohnte mit ihrer einzigen Tochter ein
Haus mitten in der Wüste; sie hatten keine andern Wächter,
als ihre Hunde. Denen pflegten sie gute Nahrung zuzubereiten, auch setzten sie ihnen stets Haferschleim zum
Trinken vor. Kam dann Dodo*) in der Nacht — und er
pflegt jede Stunde zu kommen — so trieben ihn die Hunde
wieder von bannen.

Als nun die Mutter eines Tages im Begriff war, in
die Stadt zu gehen, um Einkäufe zu machen, schärfte sie
ihrer Tochter ein, ja den Hunden gute Kost und Haferschleim vorzusetzen; die Tochter versprach zu gehorchen,
und die Mutter ging zur Stadt. Bald kamen indessen
Freundinnen des jungen Mädchens herbei; für die bereitete sie Haferschleim, den Hunden aber setzte sie das
Spülicht vor; davon wollten diese indeß nicht trinken.
Auch Kost richtete sie für ihre Freundinnen her, den Hunden aber warf sie vor, was verbrannt und ungenießbar
war; davon wollten jene aber nicht essen.

---

*) Vergl. S. 134.

Die Nacht kam herbei, siehe! da erschien Dodo laut
schreiend. Erschreckt rief das Mädchen die Hunde bei
Namen; erst kam Schato herbei, aber er trieb den Dodo
nicht fort, sondern ging ruhig beiseit. Da rief sie Fāri.
Der kam, aber auch er ging ruhig wieder davon, ohne den
Dodo zu verjagen. Auch Samandunia und Samakussa
kamen den Andern nach, aber nicht Einer trieb Dodo fort.
Laut schreiend näherte sich dieser dem Hause und trat hinein. Das erschreckte Mädchen flüchtete sich in ihr Zimmer
und horchte in ängstlicher Spannung. Ach, schon trat
Dodo schreiend über die Schwelle des Zimmers — sie
sprang auf's Bett — sie kletterte in die Scheune hinein
— überallhin verfolgte Dodo sie mit lautem, widerlichem
Geschrei. In ihrer Angst kroch sie endlich in einen großen,
irdenen Topf hinein. Schreiend nahte Dodo sich und verschlang den Topf und das junge Mädchen darinnen.

Am folgenden Tage kehrte die Mutter vom Markte
zurück. Sie fand ihre Tochter nirgends, und die Hunde
hatten weder Kost noch Haferschleim. „Gewiß," so dachte
sie alsbald, „hat meine Tochter vernachlässigt, die Hunde
zu versorgen, und diese haben in Folge dessen Dodo nicht
fortgetrieben; sicherlich hat er meine Tochter verschlungen".
Schnell bereitet sie Speise und Trank für die Hunde und
setzte ihnen vor, soviel sie nur mochten. Als nun Dodo
zur Nachtzeit wieder erschien, stürzten die Hunde sich auf
ihn und tödteten ihn. Schnell öffnete die Mutter den
Leib des getödteten Dodo, fand den irdenen Topf darinnen,
öffnete ihn, und siehe! ihre Tochter saß frisch und wohl
darinnen; sie war nicht in Dodo's Leibe gestorben. Wie
freute die Mutter sich da, daß sie ihre Tochter noch am
Leben fand.   .

36. Der unverständige Knabe.

(Der Temneſche Originaltext dieſes Märchens findet ſich auf Seite 56—60 von
C. F. Schlenker's „Collection of Temne Traditions etc.", London 1861.)

Ein Knabe ſtellte einſt eine Vogelſchlinge unter einer
Wurzel auf; als er ſich nun vermittelſt derſelben einen
Vogel gefangen hatte, brachte er denſelben ſchleunigſt nach
Hauſe, damit ihn die Mutter für ihn röſte. Die Mutter
aber ſagte, er ſolle doch hinaus gehen und die Vögel vom
Felde fortjagen. Er gehorchte, die Mutter aber rupfte
inzwiſchen den Vogel, briet ihn und aß ihn auf. Der
Knabe kam bald darauf zurück, und als er erfuhr, die
Mutter habe ſeinen Vogel aufgegeſſen, ſo rief er laut:
„Mutter, gib mir meinen Vogel wieder, den ich unter der
Wurzel gefangen, am Waſſerfall, unter der Wurzel!"
Um ihn zu beruhigen, gab die Mutter ihm eine
Handvoll Mais, damit ging er davon und ſtreute es auf
einen Baumſtumpf; da kamen die weißen Ameiſen und
aßen es. Der Knabe aber rief: „Ameiſen, gebt mir meinen
Mais! Gebt mir meinen Mais, Ameiſen! Ihn gab mir
die Mutter, da ſie meinen Vogel aufgegeſſen, den ich mir
unter der Wurzel gefangen, am Waſſerfall, unter der
Wurzel." Da machten die Ameiſen irdene Töpfchen für
ihn; die trug er zum Waſſerfall, um Waſſer zu ſchöpfen,
der Strudel aber brach dieſelben. Da rief der Knabe:
„Strudel, gib mir meine irdenen Töpfe! Gib mir meine
irdenen Töpfe, Strudel, die die weißen Ameiſen mir gegeben haben. Die Ameiſen aßen meinen Mais, den ich
von der Mutter erhalten hatte; die Mutter aß meinen
Vogel, den ich mir unter der Wurzel gefangen hatte, am
Waſſerfall unter der Wurzel."
Da gab der Strudel ihm eine Flatterroche (eine Fiſch-
art), aber der Habicht flog hinzu, nahm ihm den Fiſch

fort und verzehrte ihn. Der Knabe aber rief: „Habicht, gib mir meinen Fisch wieder! Gib mir meinen Fisch wieder, Habicht, den der Strudel mir gegeben. Der Strudel brach meine Töpfe, die die weißen Ameisen mir gegeben hatten; die Ameisen aßen meinen Mais, den die Mutter mir gegeben hatte; die Mutter aß meinen Vogel, den ich mir unter der Wurzel gefangen hatte, am Wasserfall, unter der Wurzel."

Da ließ der Habicht eine Feder hinunterfallen, aber ein Windstoß kam und trug die Feder davon. Da rief der Knabe: „Wind, gib mir meine Feder! Wind gib mir meine Feder, die ich von dem Habicht erhalten habe. Der Habicht aß meinen Fisch, den der Strudel mir gegeben; der Strudel brach meine Töpfchen, die die weißen Ameisen mir gegeben; die Mutter verzehrte meinen Vogel, den ich unter der Wurzel gefangen, am Wasserfall, unter der Wurzel."

Da wirbelte der Wind ihm viele Bohnen zu, der Pavian aber eilte hinzu und fraß sie alle auf. Da rief der Knabe: „Pavian, gib mir meine Bohnen, die der Wind mir zugewirbelt hat; der Wind trug die Feder davon, die der Habicht mir hatte zufallen lassen; der Habicht aß den Fisch, den der Strudel mir gegeben hatte; der Strudel brach meine Töpfchen, die die weißen Ameisen mir gebracht; die Ameisen aßen meinen Mais, den die Mutter mir gegeben; die Mutter verzehrte meinen Vogel, den ich mir unter der Wurzel gefangen hatte, am Wasserfall, unter der Wurzel!" Der Pavian aber sagte: „Ich habe Nichts zu geben!" Da band der Knabe den Pavian und schleppte ihn mit sich nach Hause.

Das ist das Ende!

37. Die Wahl des Handwerks.

(Der Bornufche Originaltext biefes Märchens findet sich auf Seite 26—31 von
S. W. Kölle's „African Native Literature etc.", London 1854.)

Ein alter Mann rief eines Tages seine sechs Söhne
vor sich. Als alle Sechs erschienen waren, sagte er:
„Meine Söhne! Ich habe Euch zusammengerufen, um von
einem Jeden zu hören, welches Handwerk er sich gewählt
hat. Einer nach dem Andern sage mir nun, was künftig
sein Handwerk sein soll."

Da trat der Aelteste auf und sagte: „Vater! Ich will
mich aufmachen und auf des Königs Schloß gehen, auf
daß er mir ein Pferd gebe, denn ich liebe das Kriegshandwerk." „Wohl," entgegnete der Vater, „Dein Handwerk sei der Krieg! Setze Dich, ich habe gehört, was
Du wünschest."

Da trat der Zweite auf und sagte: „Ich, mein Vater,
liebe den Diebstahl!" „Wohl," war des Vaters Antwort,
„Diebstahl sei Dein Handwerk. Setze Dich, ich habe gehört, welches Handwerk Du liebst."

Der Dritte sprach darauf: „Vater, ich liebe den
Straßenraub!" „Wohl," sprach der Greis, „so sei der
Straßenraub Dein Handwerk! Ich weiß nun, was Du
liebst, setze Dich."

Der Vierte trat nun vor den Greis und sprach:
„Vater! Ich will Esel, Kameele und Ochsen mit Waaren
beladen und damit Handel treiben." „Sehr wohl!" entgegnete der Vater, „Handeltreiben sei Dein Handwerk!
Setze Dich, ich habe vernommen, was Du wünschest."

Der Fünfte sprach: „Ich, Vater, wähle den Ackerbau!"
„Wohl!" sprach der greise Vater: „Ackerbau sei Dein
Handwerk! Setze Dich, ich habe Deinen Wunsch ver-
nommen."

„Und ich," so sprach der Jüngste, „ich möchte ein
Schmied werden, mein Vater!" „Wohl," war des Greises
Antwort, „so sei das Schmieden Dein Handwerk! Setze
Dich, ich weiß nun, was Du liebst."

Als der Greis so vernommen hatte, was für ein Hand-
werk ein Jeder von seinen Söhnen gewählt, sprach er zu
ihnen: „So macht Euch denn auf, gehet hin und ein
Jeder betreibe das Handwerk, das er sich erwählt hat!"
Da schieden die Söhne, Einer nach dem Andern, vom
Vater, um ihren verschiedenen Beschäftigungen nachzugehen.

Der Aelteste, der sich das Kriegshandwerk erwählt
hatte, begab sich zum Könige. Als er dort etwa zwei
Monate gewesen war, erhielt der König Kunde, in einer
benachbarten, von Heiden bewohnten Stadt sei Krieg aus-
gebrochen. Da sandte der König seine Krieger dorthin
mit dem Befehl, die Einwohner jener Stadt vor ihn zu
bringen. Als die Krieger, unter denen auch der Sohn
des Greises war, sich der Heidenstadt näherten, machten
die Heiden einen Ausfall auf die nahenden Feinde und
trieben sie zurück; dabei ward der Sohn des Greises getödtet. Als die Soldaten die Kunde ihrer Niederlage zum
König brachten, fragte dieser: „Wie viel Mann haben die
Heiden getödtet?" Die Krieger antworteten: „Nur Einen,
eines Greises Sohn, der kürzlich zu Dir kam, um in den
Krieg zu ziehen." Da sandte der König einen Boten mit
der Trauerkunde zu dem Greise. Als der die Botschaft
erhielt, sagte er: „Ich dachte mir wohl, daß es so kommen
würde: nun hat mein Sohn erreicht, was er gewollt."

Der Zweite, der sich das Diebshandwerk auserwählt
hatte, stahl täglich andern Leuten ihr Eigenthum; die aber
lauerten ihm auf, ohne daß er es wußte. Eines Nachts
schlich er sich heimlich in eines Mannes Haus, den er
schlafend glaubte, um dessen Pferd zu stehlen. Schon

hatte er dasselbe losgebunden und wollte sich eben damit
aus dem Staube machen, als der Eigenthümer aufsprang,
ihn packte und mit lauter Stimme die Nachbarn herbei-
rief. Die fragte er: „Was soll ich mit dem jungen Pferde-
dieb anfangen?" Einstimmig riefen alle Anwesenden:
„Man hänge ihn, wo Du ihn gefangen hast."

So geschah es auch, der junge Dieb ward in den
Pferdestall zurückgebracht und dort aufgeknüpft. Als sein
Vater diese Nachricht erhielt, rief er: „So mußte es
kommen! Ich wußte es wohl; ich konnte es mir damals
gleich denken, als mein Sohn sich das Diebshandwerk
erkor.

Derjenige von den Brüdern aber, der beschlossen hatte,
Handel zu treiben, hatte seine Esel und seine Ochsen und
seine Kameele mit Waaren beladen und eine Handelsreise
nach einer entfernten Stadt unternommen. Dort tauschte
er sie gegen weit werthvollere Waaren ein; auf dem Rück-
wege aber lauerten ihm Räuber auf, beraubten ihn seiner
Waaren und tödteten ihn. Als diese Kunde zu dem
Greise kam seufzte er: „Ach, habe ich das nicht sofort
geahnt, als mein Sohn beschloß, Handel zu treiben?"

Der Vierte der Söhne aber, der sich den Straßenraub
zu seinem Gewerbe erwählt hatte, pflegte am Wege den
Leuten aufzulauern, die vom Markte heimkehrten, und
ihnen die Waaren, die sie mit sich führten, fortzunehmen.
Als er aber eines Tages zwei Männer, die mit Waaren
des Weges kamen, anhalten wollte, wehrten sich diese gegen
den Räuber und überwältigten ihn auch glücklich, sie warfen
ihn nieder und tödteten ihn. Der Greis empfing die Nachricht vom Tode seines Sohnes, des Straßenräubers, mit
den Worten: „Nun hat er den Lohn des Handwerks
empfangen, das er sich damals erwählt, da er noch jung
war."

Zwei Jahre waren vergangen, seit' der Greis seine sechs Söhne vor sich geladen, um von einem Jeden zu erfahren, welchem Handwerk er sich widmen wolle. Da sandte der Greis von Neuem Botschaft zu seinen Söhnen, vor ihm zu erscheinen, aber nur zwei, der Schmied und der Landmann, kamen dies Mal. Da sprach der Greis: „Vor zwei Jahren erschienen Eurer Sechs vor mir, und jetzt seid nur Ihr Beide noch da. Eure Brüder hat der Tod ereilt in Folge der Beschäftigungen, die sie sich erwählt. Den Einen raffte der Tod im Kriege hinweg, der Andre ward als Dieb gehangen, den Dritten erschlugen Wegelagerer um seiner Schätze willen, und den Vierten tödteten Jene, die er hatte berauben wollen. Nun sprecht, was treibt Ihr denn?"

Da trat der Erste auf und sprach: „Als Du mich an jenem Tage fragtest, welches Handwerk ich ergreifen wollte, da wählte ich den Ackerbau. Ich bin ein Landmann." Da sprach der Greis: „Daran hast Du wohl gethan, mein Sohn. Setze Dich nieder, Du hast weise gehandelt. Diese Weisheit aber hast Du nicht von mir, sondern von dem alleinigen Gott!"

Da stand der Andre auf und sprach: „Und ich, Vater, bin ein Schmied geworden, wie ich Dir damals zur Antwort gab, als Du uns Alle fragtest, was wir werden wollten." Da sprach der Greis: „Auch Du, mein Sohn, hast ein gutes Handwerk, halte es fest! Du hast weise gehandelt, aber Du hast Dein Handwerk nicht von mir erhalten, sondern von Gott allein, darum halte es ja fest! Du als Schmied und Dein älterer Bruder als Landmann, Ihr werdet Euch schön ernähren können, wenn ich todt bin; und gibt Gott Euch künftig einmal Kinder, o dann lehrt sie doch Eure Handwerke."

So hatte Gott einem Jeden der Brüder das gegeben,

warum ſie gebeten. Die vier Aelteſten hatten bei den er-
wählten Beſchäftigungen den Tod, die beiden Andern Arbeit
und Lebensunterhalt gefunden.

* * *

38. Die Sprache der Thiere.

(Der Bornuſche Originaltext dieſes Märchens findet ſich auf Seite 24—26 von
S. W. Kölle's „African Native Literature", London 1854.)

Einſtmals lebte ein Diener Gottes mit ſeinem ein-
äugigen Weibe in ſeinem Hauſe. Der verſtand die Sprache
aller Thiere im Walde und aller Vögel in der Luft; auch
den Schrei der Hyäne verſtand er, wenn dieſe zur Nachtzeit ſich aufmachte und beuteſuchend dem Hauſe ſich näherte;
auch den Ruf ſeines Pferdes verſtand er, wenn es hungrig
war und wieherte; dann ſtand er auf und brachte ihm
Futter.

Eines Tages hörte er das Geſpräch mehrerer Vögel,
die vorüberflogen, und er lachte recht herzlich über den
Gegenſtand desſelben. Auf die Frage ſeiner Frau, worüber
er denn lache, entgegnete er indeſſen: „Ja, das kann ich
Dir nicht ſagen." Da ſprach ſein Weib: „O, ich weiß
wohl, worüber Du lachſt; Du lachſt über mich, weil ich
einäugig bin." Ihr Mann aber entgegnete: „Wie kannſt
Du nur ſo thöricht ſein, dergleichen zu glauben? Habe
ich nicht gewußt, daß Du einäugig biſt, ehe ich Dir meine
Liebe zugewandt, ehe ich mich mit Dir vermählt und ehe
ich Dich in mein Haus geführt hatte?" Da ſchwieg das
Weib.

Ein ander Mal beobachtete der Mann zwei Ratten.
Es war nach Mitternacht, und er lag bereits im Bette;
die Ratten ſpielten auf dem Dache des Hauſes mit ein-

ander, und Beide fielen nieder. Da sprach das Weibchen:
„O, Du spielst falsch! Ich meinte, es sollte nur Spaß
sein, nun bin ich so hingefallen, daß ich mir den Rücken
gebrochen habe.“ Als der Diener Gottes, der drinnen im
Hause auf seinem Bette lag, dies hörte, lachte er laut auf.

Kaum hörte sein Weib das, so sprang sie auf, ergriff
ihn bei der Kehle und sagte: „Nun lasse ich Dich nicht
los, ehe Du mir gesagt, worüber Du immer lachst.“ Der
Mann bat die Frau, ihn doch loszulassen, sie aber weigerte sich. Alle Bitten des Mannes waren vergebens;
endlich sagte er: „Nun wohl, ich will Dir sagen, worüber
ich lache. Ich verstehe die Sprache der Thiere im Walde
und der Vögel in der Luft; ich verstehe den Schrei der
beutesuchenden Hyäne und des hungrigen Rosses. Das
ist es, was mich oft zum Lachen bringt.“ Darauf ließ
seine Frau ihn los, und Beide begaben sich wieder zur
Ruhe.

Als der Tag anbrach, ging der Mann zum Pferde;
wohl wieherte es, aber der Mann verstand es nicht länger;
wohl schrieen die Thiere im Walde, wohl sangen die Vögel
in den Lüften, wohl heulte die hungrige Hyäne, aber ach!
der Diener Gottes verstand ihre Sprache nicht länger.

Da setzte er sich trauernd in seiner Hütte nieder, ließ
gramvoll den Kopf hängen und sprach zu sich selbst: „Den
wird Gott strafen, der seine inwendigen Gedanken einem
Weibe anvertraut. Früher verstand ich die Sprache der
Vögel und aller Thiere, aber seit ich einem Weibe dies
Geheimniß anvertraut, hat Gott meine Ohren verschlossen.
Darum hüte ein Mann sich, einem Weibe seine Geheim-
nisse zu enthüllen!“

So sagen auch die weisen Leute: „Welcher Mann ein
Weib zur Mitwisserin seiner Geheimnisse macht, den wird
sie in des Teufels Küche liefern. Jenes Weib ist schuld,

daß Mensch und Vieh, Vögel und Fische nicht gegenseitig ihre Sprache verstehen. Sie hat es verschuldet, daß Gott uns allen verschiedene Sprachen gegeben hat."

---

39. Der Priester und der Heide.

(Der Bornusche Originaltext dieses Märchens findet sich auf Seite 20—24 von S. W. Kölle's „African Native Literature", London 1854.)

Ein großer Priester, der alle Bücher durchforscht hatte und gar weise war, hatte einen Heiden zum Freunde, den er leidenschaftlich liebte; täglich ging er nach seinem Hause und machte gemeinschaftliche Spaziergänge mit ihm. Der Heide war höchst erfreut darüber und dachte bei sich: „Ich faste nimmer, ich bete nimmer, ich schlachte nimmer das Osterlamm, ich esse Schweinefleisch, Affen und gefallenes Vieh, auch trinke ich Bier; all dies sieht der Priester, und dennoch pflegt er Freundschaft mit mir!" Täglich, wenn er von der Jagd aus dem Walde zurückkehrte, ging er hin, den Priester zu begrüßen, und nie stand er am Morgen auf, um auf die Jagd zu gehen, ohne erst den Priester gesehen zu haben.

Eines Tages, als der Heide dem Priester, wie gewöhnlich, einen Besuch abstattete, sagte der Priester zu ihm: „Mein Freund, in einer Woche werde ich nach Mekka gehen!" Da sprach sein Freund, der Heide: „Wenn Du nach Mekka gehst, Vater Priester, so nimm mich mit Dir." Da sprach der Priester: „Du bist ein Heide, Du fastest nie, Du betest nie, Du issest gefallenes Vieh, Du trinkst Bier, und Du willst mir nach Mekka folgen? Nein, ich kann Dich nicht mitnehmen."

Da der Heide das hörte, ging er schweigend nach Hause; von dort beobachtete er, wie der Priester Vorkehrungen zu seiner Reise traf, wie er eine Kuh schlachtete, zerlegte, das Fleisch dörrte und zurüstete; da machte er sich auch auf, ging in den Wald, tödtete sich ein Schwein, brachte es nach Hause, zerlegte es und dörrte das Fleisch. Dies Alles sah der Priester mit an.

Eine Woche später füllte der Priester sein gedörrtes Fleisch und sein Mehl in zwei besondere Säcke, nahm seine Kalabasse zum Wassertrinken, steckte seine Bücher zu sich, nahm seine Gebet-Kalabasse *) auf und machte sich auf den Weg nach Mekka.

Da der Heide dies sah, ging er in seine Hütte, füllte seinen Sack mit gedörrtem Schweinefleisch und Affenfleisch und einer Kalabasse voll Bier; dann nahm er seine Kala-basse zum Wassertrinken, seinen Stab und seine Schuhe und machte sich auf den Weg.

Der Priester war schon drei Wochen unterwegs, aber nach sieben Tagereisen holte der Heide ihn ein. Da der Priester seinen Freund, den Heiden, sah, sprach er: „Mein Freund, wie konntest Du Dich nur aufmachen, mir zu folgen, nachdem ich Dir gesagt, ich könne Dich nicht mit nach Mekka nehmen, und Dich hinter mir gelassen hatte? Ich werde Dich nicht mitnehmen, und wir beide können nicht mit einander in Mekka einziehen." Da erwiderte der Heide: „Geh Du nur allein nach Mekka; ich will erst dann folgen, wenn Du dort angekommen bist." Da setzte der Priester seine Reise fort, der Heide aber blieb zurück.

Als der Priester in Mekka eingezogen war, machte auch der Heide sich auf, ihm dahin zu folgen; da es nun Abend war, so gingen Alle zur Ruhe. Der folgende Tag

---

*) Man bedient sich der sogenannten Gebet-Kalabasse, um sich Gesicht und Hände vor jedem Gebete zu waschen.

aber war ein Freitag. Um neun Uhr Morgens rüsteten sich alle die großen Leute von Mekka, aus dem offenen Betplatze hervorzukommen. Da sie nun alle hervorgekommen waren, erhob sich der Rufer und rief die Stunde des Gebets aus; dann setzte er sich neben die Pforte, während alle die großen Leute in die Moschee gingen und dort Platz nahmen.

Auch der Priester machte sich auf und ging zur Pforte des Tempels; da kam auch der Heide und stellte sich neben die Pforte hin. Als der Priester nur in die Moschee eintreten wollte, rief der Rufer ihm zu: „Vater Priester, von wannen kommst Du?" Da nannte der Priester den Namen seines Ortes; der Rufer aber sagte weiter: „Vater Priester! Dir ist wider Deinen Willen ein Freund gefolgt, den Du einen Heiden nennst; da Du ihn aber nicht nur 'Heide' nanntest, sondern 'Freund' zu ihm sagtest, da wußtest Du ganz wohl, daß er ein Heide war, daß er Fleisch von Hunden, Schweinen und Affen genießt, und daß er Bier trinkt; Du wußtest, daß er nie fastet, nie betet, noch je das Osterlamm schlachtet, daß seine Eltern, seine Großeltern und seine Urgroßeltern sämmtlich Heiden waren; all dies war Dir bekannt, ehe Du ihn Freund nanntest, ehe Du und er Freundschaft machten und dennoch sagtest Du nie zu ihm: 'Du bist ja ein Heide!' Als Du aber zu ihm sagtest, Du wollest nach Mekka wallen, und er Dich bat: 'O laß mich Dir folgen, auf daß, wenn Dir Gott zu Mekka einen guten Ort anweist, ich durch Deinen Segen auch einen bekommen möge', da wolltest Du den Heiden nicht kommen lassen. Nun, weißt Du, der Du Dich einen Priester nennst, wer ein Heide ist? Höre, ich will es Dir sagen: Nicht der ist ein Heide, der Schweinefleisch oder Affenfleisch oder Fleisch von gefallenem Vieh ißt, oder wer Bier trinkt, sondern der ist ein Heide, der

mit seinem Nachbarn Streit hat, und es ihm nicht vergessen mag; ja, merke, was ich heut zu Dir spreche, der
ist ein Heide, der einem Andern Böses nachträgt. Da Dein
Freund, der Heide, hoffte, wenn er Dir hieher folgte, den
Himmel durch Deinen Segen zu erhalten, wolltest Du ihn
nicht kommen lassen; darum sollst Du die Moschee jetzt
nicht betreten, der aber, den Du Heide nennst, der trete
hinein."

Da rief man den Heiden in die Moschee; der Thür-
hüter öffnete ihm die Pforte, und der Heide ging hinein,
der Priester aber mußte draußen vor der Thüre stehen
bleiben. Alle die großen Leute hielten nun im Innern
der Moschee ihre Gebete, und als sie hinaustraten, siehe!
da stand der Priester vor der Pforte; sein Freund aber,
der Heide, hatte mit den großen Leuten gebetet. Darauf
gingen alle die großen Leute nach Hause, riefen den Heiden
zu sich und gaben ihm ein wunderschönes Haus zum Wohnplatz, dem Priester aber wiesen sie nur ein kleines Plätzchen
an. Beide blieben so in Mekka.

Nachdem ein Monat vergangen war, machte der Heide
sich auf, ging zum Imam und sagte: „Ich wünsche heimzukehren." Da gab der Imam ihm ein silbernes Becken,
eine scharlachene Mütze, einen silbernen Stab, einen Mantel,
ein schönes Obergewand, Kost für die Reise und einen
goldenen Teller, seine Kost davon zu essen. Bald darauf
ging der Priester zum Imam und sprach: „Mein Vater,
ich wünsche heimzukehren." Da der Imam das hörte, gab
er ihm ein wenig Kost, ein Wasserbecken, einen Kupfer-
kessel und einen eisernen Stab; damit mußte der Priester
abziehen. Bald darauf machte ein Jeder sich mit den er-
haltenen Geschenken auf den Heimweg. Nach einer Reise
von zwei Monaten kamen sie zu Hause an.

Ein Monat war etwa seit ihrer Rückkehr verflossen,

da ward der Priester eines Morgens vom Fieber befallen; ebenso ging es dem Heiden zwischen Morgen und Mittag desselben Tages. Am folgenden Tage in der Frühe starb der Priester, nachdem er zuvor seine Gebete gesprochen, und zwischen Morgen und Mittag des nämlichen Tages starb auch der Heide. Darüber erstaunten die Leute in der Stadt und sprachen unter einander: „Wie wunderlich! Der Priester und sein Freund, der Heide, die mit einander nach Mekka gegangen waren, starben beide einen Monat nach ihrer Rückkehr!"

Der Imam des Ortes aber gebot den Leuten, die Leichen zuzurüsten und an demselben Platze, nicht fern von einander, zu begraben. Da machten die Leute sich daran, die Leichen zu waschen und zu bekleiden, dann banden sie dieselben in grobe Matten ein und legten sie auf dem Kirchhofe nieder; darauf maßen sie den Grund ab, griffen nach ihren Spaten und begannen das Grab des Heiden zu machen. Sie waren bald damit fertig, denn sie fanden weichen Sand mit feuchtem Untergrunde. Dann begannen sie des Priesters Grab zu machen; sie hatten indessen kaum einen Fuß tief gegraben, da stießen sie auf Felsen, so daß sie nicht weiter graben konnten; sie versuchten es an einer andern Stelle, aber ohne besseren Erfolg. Da gebot der Imam: „Grabt nun noch an einer dritten Stelle, soweit Ihr kommt; dann legt des Priesters Leiche hinein und bedeckt sie!" Da versuchten es die Leute noch einmal anderswo; als sie etwa knietief gegraben hatten, stießen sie wieder auf felsigten Untergrund — da legten sie den todten Priester hinein, sie konnten ihn indessen nicht vollständig bedecken; dann begruben sie den Heiden: in dessen Grabe war schöner, weißer Boden mit feuchtem Untergrunde.

Als die Leute nun auf die beiden Gräber zurückschauten,

ehe sie den Kirchhof verließen, da ragte die Leiche des Priesters zur Hälfte aus dem Grabe hervor; aus des Heiden Grabe aber kam Wasser hervor und überfluthete dasselbe. Da kehrten Alle heim.

Dort sprach der Imam zu ihnen: „Seht! Diesen Heiden hat Gott für den Himmel, den Priester aber für das höllische Feuer erkoren. Denn der Herr, der die Kleinen und die Großen, die Schwarzen und die Rothen erschaffen hat, sieht auf's Herz; wer ein reines, weißes Herz hat, der kommt in den Himmel; weß Herz aber schwarz ist, dem hilft es nicht, ob er auch alle Bücher der Welt durch-gelesen hätte — er kommt doch in's Feuer. Vor Gott gilt kein Unterschied zwischen Sklaven und freien Männern, zwischen Heiden und Gläubigen. Auch die Priester kommen nicht in den Himmel, wenn ihre Herzen schwarz sind."

In der zukünftigen Welt gibt es sieben Feuer und acht Himmel: die sieben Feuer aber sind für die Priester bestimmt, die alle Bücher durchforschen, und den rechten Weg daraus ersehen, wenn sie dennoch, obgleich sie den rechten Weg kennen, sich davon abwenden und Unrecht thun.

Berichtigungen:

Seite 81, Z. 5 von unten lies: Bullom statt Bullan.
Seite 165, Z. 3 von oben lies: Freiern statt Frauen.